発達障害を生きる

NHKスペシャル取材班

集英社

目次

2

ＡＤＨＤと学習障害の当事者に見えるもの……73

発達障害を生きる

はじめに

あなたとわたしが見ている〝世界〟は、同じではないかもしれない。そんなことを言われたとしたらどう思いますか？　同じ空間にいて、同じ風景を見ていれば、同じことを感じるはずだ、と考えるのではないでしょうか。しかし実際には、そうではありません。多くの人々が、ちょっと明るいなぁと感じる程度の光でも、ある人々にとっては「まぶしくて仕方がない」ということがあります。また人出の多い賑《にぎ》やかな街にいると、「少し疲れる」というレベルではなく、街のさまざまなノイズにさらされることで消耗し、ぐったりとしてしまう人もいます。いわゆる発達障害のなかでも「感覚過敏」のある人たちです。つまり、私たちが見たり感じたりする〝世界〟は一様ではないのです。この一人ひとりの〝世界の感じ方〟の違いを知ることこそが、発達障害を理解するための出発点だと私は思います。

「発達障害」。この言葉がここ数年、注目を集めています。発達障害とは、生まれつき脳の機能の発達がアンバランスなために、日常生活でさまざまな困難を抱える障害のことです。自閉スペクトラム症、注意欠如・多動症、学習障害などを総称して日本では発達障害と呼ばれます。小・中学生の15人に1人にその可能性があるとも言われ、全国各地の病院で発達障害についての受診希望が相次ぎ、長いところでは1年待ちの状態。2017年1月には国が状況の改善勧告を出したほどです。

本書は、2017年5月21日に放送された、NHKスペシャル「発達障害　解明される未知の世界」のために、発達障害の当事者、専門家、研究者、関係者などに取材した膨大な資料をもとにまとめられました。なかでも私たちが特に大切にしたかったのは、当事者の人々の声です。発達障害というと「じっとしていられない」「普通にできない」「コミュニケーションが苦手」と、どこか付き合いにくいという単にネガティブなイメージを持たれがちで、「扱いにくい人」と捉えられることもあり、そのことでつらい思いをする当事者も少なくありません。

しかし最先端の科学は、なぜそのような行動が引き起こされるのか、これまで未知の領域だったそのメカニズムに光を当て始めています。一見奇異に見える行動にも、それぞれ理由があり、それを知ることは互いを理解するための大きな助けになります。私たちは今回の番組を通じて、こうした科学的知見と、当事者たちの声を照らし合わせていくことで、これまでぼんやりとしかわからなかった発達障害の知られざる実態を明らかにしたいと考えました。

もちろんまだわからないこともたくさんありますし、本書が発達障害のすべてを語り尽くせているわけでもありません。本書で取り上げている発達障害の特性には当てはまらないけれど、発達障害と診断されたという方もいらっしゃるかもしれません。この本に書かれているのは、番組制作者である私たちなりの取材の過程であり、理解の道筋です。取材させていただいた当事者の方々の声を埋もれさせることなく、多くの人々に知ってもらう一助になればという願いを込めて、本書はつくられました。私たち一人ひとりが見たり感じたりする世界は必ずしも同じではない、そこを原点に想像力を働かせ、相手の立場になって物事を考えることができれば、もっと一人ひとりが輝ける社会をつくることにつながるはずです。

本書を通じて知識を持つことで、発達障害のある人も、そうでない人も、それぞれが生きやすい社会について考えるきっかけになれば幸いです。

ＮＨＫエンタープライズ
エグゼクティブ・プロデューサー　河瀬大作

1

知られざる「感覚過敏」の世界

当事者中心のスタジオゲスト

ＮＨＫスペシャル「発達障害　解明される未知の世界」（２０１7年5月21日放送）の司会は、ＮＨＫ「あさイチ」の井《い》ノ原快彦《はらよしひこ》さんと有働由美子《うどうゆみこ》アナウンサー（当時）。「あさイチ」では、それまで3回ほど発達障害の特集を組んできました。そのなかで発達障害であることを告白したタレント・モデルの栗原類《くりはらるい》さんが、本番組にゲストとして登場しています。

そのほかの2人のゲストも発達障害の当事者です。一人は、東京大学先端科学技術研究センター特任研究員として、発達障害の「当事者研究」をおこなっている綾屋紗月《あややさつき》さん。もう一人は、大学助教、企業での研究開発職などを経て、ＮＰＯ法人リトルプロフェッサーズの代表として発達障害の人の支援について研究をおこなっている片岡聡《かたおかさとし》さ

生放送のスタジオの様子。左より、有働由美子アナウンサー、井ノ原快彦さん、
栗原類さん、綾屋紗月さん、片岡聡さん、本田秀夫さん。
[「発達障害　解明される未知の世界」(2017年5月21日放送) より]

ん。綾屋さんは30代で、片岡さんは40代で発達障害の診断を受けています。そして、発達精神医学を専門とする精神科医の本田秀夫《ほんだひでお》さんがコメンテーターとして同席しました。本田さんは、信州大学医学部附属病院子どものこころ診療部の部長を務めており、『自閉症スペクトラム——10人に1人が抱える「生きづらさ」の正体』（SB新書）などの著書があります。

どうしてこうした出演者になったのかには、理由があります。それはこの番組が、発達障害の当事者に世界がどう見えているのか、どう感じられているのかを伝えることに主眼を置いているからです。

生放送という形式をとったのも、リアルタイムで送られてくる視聴者からの意見を紹介しながら番組を進めようと考えたからです。実際に、

「発達障害の人というと、普通の生活ができない人というイメージがあります」（千葉県40代）

「発達障害は目で見てなかなかわからないので、わがままに思われたりして、悲しくなります」（和歌山県20代）

「高機能自閉症の当事者です。当時はまだ、発達障害についての知識も少なく、一般学級に通い、忘れ物をしたなど些細《ささい》なことでパニックに陥るのをクラスメイトにからかわ

れ、『キモい』と言われたことも多かったです」（北海道30代）
「発達障害当事者です。友達に発達障害のことをカミングアウトしたら、次の日から子ども扱いされるようになりました。障害があっても、同じ年齢ならみんなと同じように接して欲しいです」（埼玉県20代）

など、発達障害の当事者やその周りの人々から、率直な意見が続々と届きました。

発達障害は、身体障害とは違い、本人が何に困っているかが周囲から見えにくい障害です。傍《はた》から見ると定型発達の人（発達障害ではない人）と変わりがありません。そのため、質問にうまく答えられなかったり、すぐ疲れてしまったり、じっとしていられなかったりする場合に、「もっと努力すればできるはず」「我慢が足りない」と思われてしまうことがあります。

しかし、それらの特性は本人の意志でコントロールできるようなものではないのです。発達障害の人の頭のなかには、定型発達の人とは大きく違う世界が広がっているということが最近明らかになってきました。その一つが、自閉スペクトラム症の人にある「感覚過敏」です。

発達障害の3分類とは？

ここで、発達障害について整理しておきましょう。発達障害とは、生まれつき脳の機能の発達がアンバランスなために、社会生活に困難が発生する障害のことです。

日本では、発達障害は行動や認知の特徴によって、主に3つに分類されています。それぞれ、自閉スペクトラム症（ASD：Autism Spectrum Disorder）、注意欠如・多動症（ADHD：Attention-Deficit/Hyperactivity Disorder）、学習障害（LD：Learning Disorder）といいます（診断基準により定義・名称が異なります）。

自閉スペクトラム症（ASD）という名称は2013年に改訂された、アメリカ精神医学会の『精神疾患の診断・統計マニュアル』の第5版（最新版）であるDSM－5から使われ始めました。「自閉症」「高機能自閉症」「広汎性発達障害」「アスペルガー症候群」はこれに含まれます。

スタジオゲストの医師の本田秀夫さんは自著のなかで、自閉スペクトラム症に該当する人は決して珍しい存在ではなく、人口の10％は存在すると考えられる、と書いています。

自閉スペクトラム症の人たちは、人の気持ちを想像・理解するのが苦手で、冗談や比喩が理解できないとされています。自分の興味のあることを一方的に話し続けたり、表情や目配せなどを読み取るのが困難だったりもします。よく言われるのは「空気が読めない」ということ。言葉の裏に秘められた意図や、暗黙の了解がわからないため、思っていることをそのまま言って、場の雰囲気を壊してしまうことがあるのです。

また、「なるべく早めにやっておいて」「適当にやっておいて」といった曖昧な指示が理解できず、チームワークの意思疎通がうまくいかないこともあります。

こうした「コミュニケーション障害」、いわゆる「コミュ障」の部分にばかりスポットが当たりがちですが、同一性へのこだわりや、興味・関心の狭さにも特徴があります。日課・習慣の変化や予定の変更に弱く、特定の物事に強い執着を持つことが多いのです。

さらに、「感覚過敏」、あるいは逆の「感覚鈍麻《どんま》」のある人もいます。これらの特性は、人によって強弱があり、すべてを兼ね備えていないと自閉スペクトラム症ではない、というものではありません。

注意欠如・多動症（ＡＤＨＤ）は、細やかな注意ができずケアレスミスをしやすい、注意を持続することが困難、注意散漫で人の話を聞けないように見える、課題や活動に必要なものを忘れがちなどの不注意症状や、座っているときにそわそわして落ち着かない、不適切な状況で走り回る、しゃべり過ぎるなどの多動性の症状がみられる障害です。予測したり、考えたりする前に行動してしまう衝動性もみられます。

会話のなかで返事が不自然なくらい早かったり、カッとなって衝動的な行動を取ってしまったりすることで、人とのコミュニケーションに齟齬《そご》をきたす場合もあります。これは、自閉スペクトラム症とは違う方向での「コミュニケーションの障害」と言えます。

難しいのは、これらの症状が「そういうことは誰にでも少しはある」と思われてしまうこと。特に、忘れ物や人の話を聞けないといった問題は、学校で「もっとがんばりなさい」と注意されてしまいがちです。

しかし、本人は十分がんばっているけれど、どうしても忘れてしまうということが、後ほど紹介する当事者へのインタビューから浮き彫りになってきます。

学習障害（ＬＤ）は、「読む」「書く」「計算する」といった特定の分野の学習だけが、極端に困難な人が該当します。これは知的発達に遅れが認められない場合の学習困難を指すため、苦手分野以外の知的能力には問題がみられないのが特徴です。

また、「読む」「書く」「計算する」の３つすべてが苦手というわけではなく、一部の能力だけに困難がある場合が多くみられます。こちらも、「書き取りをがんばれば書け

発達障害の主な3分類

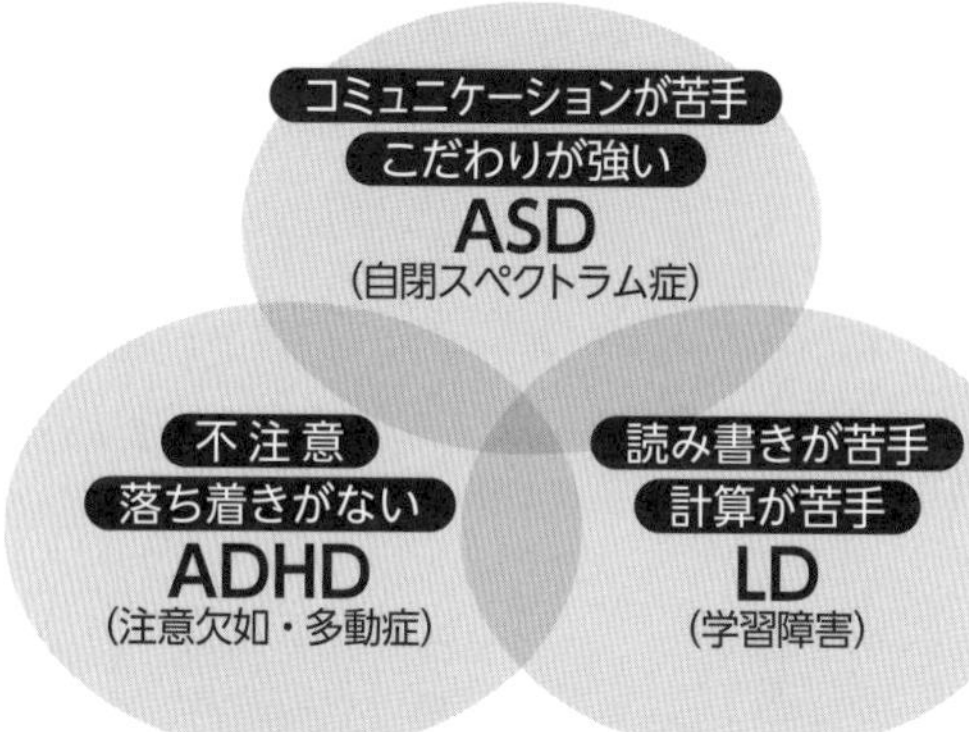

[「発達障害　解明される未知の世界」(2017年5月21日放送)より作成]

るようになる」「計算問題をたくさん解けばできるようになる」といった努力不足の問題ではありません。

これら3つの障害は、はっきり分かれているわけではなく、人によっては症状が重なり合うように現れる場合もあります。たとえば、スタジオゲストの栗原類さんは「コミュニケーションが苦手」「こだわりが強い」といった、自閉スペクトラム症の特性がありますが、「不注意」というADHDの特性もあります。

また、栗原さんが発達障害と診断されたのは8歳のときで、そのころと今では診断カテゴリーが異なっています。栗原さんはニューヨークの小学校に通っていたときに、当時の診断基準に基づいて、ADD（注意欠陥障害）と診断されました。日本に短期帰国した際、改めて発達障害に詳しい医師に診てもらったところ、ＡＤＨＤを中心として、学習障害、広汎性発達障害の要素がある、と診断されました。

発達障害は診断・統計マニュアルが更新されるたびに、少しずつ診断カテゴリーや診断名が変わっています。専門家の間では診断名が切り替わっていますが、世間では今でもＡＤＤやアスペルガー症候群といった呼び名を使っている人がいます。現在、ＡＤＤはＡＤＨＤに、アスペルガー症候群は自閉スペクトラム症に含まれています。

そして、綾屋さんと片岡さんが発達障害と診断されたのは、成人してずいぶん経ってからなのに対し、栗原さんが8歳と早いのはなぜでしょうか。それは、アメリカでは幼少期から発達障害の診断をおこなっていたからです。

栗原さんは、ニューヨークで通っていた小学校の担任の先生が「発達障害の可能性があると思うので、テストを受けさせたい」と栗原さんの母親に相談したことがきっかけで、診断テストを受けました。

そのテストは、医師が面接をするだけというものではありません。ＩＱテストや行動観察、担任など日常的に関わっている教師からの査定、耳鼻科や眼科といった専門医の検査などをもとに、教育委員会で審査会をおこないます。

審査会の参加者は、保護者、担任、教育委員会の担当者、精神科医、児童心理学者などで、資料をもとにさまざまな角度から話し合われます。

栗原さんは小学校の時点でしたが、アメリカでは未就学の段階でも発達障害の疑いがあると、専門家につなげられ、小学校の就学先を一緒に検討するなどの支援プログラムが組まれます。社会全体で発達障害の人、一人ひとりを支えるシステムが整えられています。

日本で発達障害者支援法が施行されたのは、2005年。2016年にはこれが改正され、「発達障害者の支援は、社会的障壁の除去に資することを旨として、行われなければならない」という基本理念が追加されました。ようやく、発達障害の人の社会不適応の原因を特性そのものに求めるのではなく、周囲の工夫や配慮が足りない状況に原因がある、と考えるようになったのです。本人の責任ではなく、社会の責任として問題解決を図っていこう、という表明がされたことは大きな前進です。しかし、まだ日本では、社会的に発達障害の人を支援する環境が整備されているとは言えないのが現状です。

光や水が苦手。当事者が語る「感覚過敏」

さて、話を「感覚過敏」に戻します。感覚過敏は自閉スペクトラム症の人に多くみられる特性です。しかし、これまで自閉スペクトラム症の研究や支援は、主に社会性やコミュニケーションの問題にスポットが当てられることが多く、感覚過敏についてはそこまで重要視されてきませんでした。

その状況が変わったのが、2013年。DSM－5で、感覚過敏や感覚鈍麻が自閉スペクトラム症の診断基準の一つになりました。このあたりから、感覚過敏に注目が集まるようになったのです。

感覚過敏が注目されてこなかった理由は、ほかにもあります。これまで発達障害は子どもを中心に研究が進められてきました。人と感覚が違う、ということは子どもには自覚しづらいものです。その子にとっては感じられる世界がすべてで、それがほかの子と比べてどんな違いがあるのか、容易にはわかりません。

しかし、発達障害が大人にも診断されるようになってから、自分自身が感じてきた違和感を、他者と比較して言語化できる当事者が増えてきました。スタジオゲストの綾屋さんや片岡さんも、そうした当事者です。当事者研究が進んだことも、感覚過敏や感覚鈍麻に対する理解が深まることにつながりました。

NHKスペシャルでは有働アナウンサーが、感覚過敏を言葉にできる発達障害の当事者に取材をしました。定時制高校に通う河髙素子《かわたかもとこ》さん、18歳（取材当時）。彼女の話から、感覚過敏とはどんなものかが明らかになってきます。

河髙さんは、自閉スペクトラム症。ほかにもＡＤＤ（注意欠陥障害）、学習障害などの診断も受けています。
有働アナウンサーは、いい天気なのに河髙さんが部屋のカーテンを閉めているということに気づきました。
「カーテンを開けると、まぶし過ぎて目が痛いんです」（河髙さん）
これは、視覚の過敏によるものです。家にいるときは基本的に自分のスペースを暗くしています。しかし、外に出るとそうもいきません。たとえば学校の教室。河髙さんは蛍光灯の下では、紙に印刷された文字が読みづらいといいます。白い紙だと蛍光灯の光で反射が起こってしまうというのです。
「光が反射して目が痛くなります。あと、文字が虫食いみたいに見えます。ぼやっとしている。『い』や『つ』など空白が多い文字は欠けて見えます」（河髙さん）
そこで河髙さんは、黄色味がかった紙に印刷してもらうことで対応しています。いろいろな色の紙で試したところ、黄色が一番読みやすいということがわかったのです。また外に出るときは、レンズに少し色が入っているパソコン用のメガネをかけると、少し楽になります。

触覚の過敏もあります。河髙さんは、水を触るのが苦手です。

「食器洗いなどで、水を触るのが嫌です。部分的に水が身体に触れる感覚が気持ち悪いんです」（河髙さん）

そのため、学校の掃除で水に浸かった雑巾を絞らなければいけないときなどは、相当な苦痛を感じていました。疲労の度合いによって、感覚過敏の度合いも変わってくるため、疲れているときほど触れないものが多くなります。

また、耳の上のあたりに何かが当たっているのも苦手なため、メガネやヘッドホンを長く装着することができません。そのため、せっかく光を遮ってくれるメガネも十分に活用できません。靴下のゴムの部分も、ゾワゾワと気持ちが悪く感じます。締めつけられてきつい、などではなく「気持ち悪い」のです。

ほかにも、子どものころはシャワーを浴びることや、親に髪の毛をといてもらうことを「痛い」と感じて避けていたこともありました。今では、刺激に少し慣れたことと、身支度を自分でできるようになったことで、大丈夫になったそうです。

人と手をつなぐのも苦手です。小学校の遠足で、ペアの子と手をつながなければいけないときも、河髙さんのほうからすぐに手を離してしまっていました。高校生になってから友達同士のハグが周りで流行したものの、やはり河髙さんは触られることが苦手で受け入れられませんでした。人にいきなり触れられるなど、予測のつかない刺激には余計に過敏になってしまいます。

「避けると『えっ』という顔をされてしまうんですけど、『ごめん、私どうしてもできない』と言うようにしていました。説明しないと人間関係がつくれないから、傷つけてしまうかもしれないけれど、最初にちゃんと言うようにしたんです」（河高さん）

　こうした過敏は、河高さんの母親にも混乱を招きました。河高さんの母親は、手をつなぐことや髪の毛をとくこと、お風呂に入ることなどを嫌がる娘の子育てに、悩んだといいます。

「手をつないだら、振りほどかれてしまうんです。最初は、私の関わり方が悪いから嫌がるのかなと思いました。幼いうちはスキンシップが大事だ、と言われたりしますよね。でも、私たち親子はそれができない。世の中的に求められることができない。普通なら、子どもが安心するはずのことで安心しない。今なら、それは感覚過敏が原因だとわかるのですが、当時は私の育て方に問題があるのかなと悩んでいました」（河高さん母）

　今では、河高さんも違和感や苦痛を言葉で表現できます。しかし、そこに至るまでに、本人も母親もとても苦労しました。

　自閉スペクトラム症の人のなかには、味覚や口内の感覚に過敏さがある人もいます。番組にはこんな声も寄せられました。

「今年、小学1年生になった息子はグレーゾーンです。（中略）**幼稚園での給食は苦手な食感のもの、硬い肉、野菜などは食べきれず、無理して食べたら吐くことがありました。**『無理に食べさせないで』と先生にお願いしてからは吐くことはなくなりましたが、幼稚園と違って小学校は毎日給食。就学前にも学校側と話をして、幼稚園や療育施設、私たち親からも息子の特性を書いて渡しました。息子には『食べられないものは先生に言えば大丈夫よ』と言っておいたのですが、先生から『我慢して食べなさい』と言われたと落ち込んでいました。見た目が健常児と変わらないからこそ、なかなか理解してもらえない息子の偏食。今一番困っています」（福岡県30代）

「小5の男の子の母です。息子は自閉スペクトラム症とADHDの診断を受けています。**聴覚の過敏と食べ物の食感の過敏があり、好き嫌いも激しいです。**主人はなかなか子どもの特性に理解がなく、説明してもただのワガママだと言い、子どもに対しても強く怒ることが多いです」（埼玉県30代）

感覚過敏からくる偏食のある当事者は、給食が提供される小・中学校時代に大きな苦労を抱えることになります。このように、感覚過敏による生活への影響は多岐にわたります。

そして、自閉スペクトラム症の人のなかには、「感覚過敏」とは逆の、「感覚鈍麻」のある人もいます。

たとえば、足を捻挫しても自分で痛みに気づけず、歩けなくなるほど悪化するまで放置していたり、疲れに気づかず仕事に没頭してしまい、帰宅したとたんに玄関先で倒れてしまうといったことがあります。また、急にイライラしたり、体調不良を訴えたりしてきたときにも、空腹を感じにくい特性のために、実は長い間食事をとっていないことが原因だった、というケースもみられます。

コミュニケーションや生活の質に支障をきたすことが多い「感覚過敏」に対して、「感覚鈍麻」の問題は、直接命に関わる危険性もあるため、周囲の気づきや本人の自覚がより必要になります。

道で話すと相手の声は騒音にかき消される

河髙さんが日常生活で最も支障を感じる感覚は聴覚、「音」です。定型発達の人には感知できない音まで識別し、小さな音も大きな刺激として感じられます。

部屋にいると、空調の音、蛍光灯のチリチリという音、時計の秒針の音、外の公園にいる人の声などが、目の前で話している人の声と同じくらいの音量で聞こえてしまうというのです。

「たぶん普通だと、言われるまで気づかないくらいの音で、認識しても意識から追い出せるような音なんですけど、それが排除できないんです。ノイズとして全部入ってきます」(河髙さん)

有働アナウンサーと一緒に街に出ると、とたんに河髙さんの耳はさまざまな音を拾っていきます。たとえば、パチンコ店から聞こえる店内の騒音。河髙さんは「近くにパチンコ店がある」と言うのですが、有働アナウンサーにはどこにあるのかわかりません。

「パチンコ店のドアが開くと、店内の音が漏れ出て急に音量が上がりますよね。あれがすごく苦手です。あの音で頭のなかが占領されて、周りの音が全部消えてしまいます」

(河髙さん)

車のクラクションが鳴ると、それが遠くからでも驚いて身体がのけぞってしまいます。バイクが走る音も苦手です。遠く離れた通りにある清掃車の音も、近くで鳴っているように感じられます。

さらに、通りを歩いていると救急車が現れました。救急車のサイレンは誰でも気にかかるものですが、河髙さんは「救急車が通ります」というアナウンスの音が特に苦手です。音が割れて聞こえて、耳にバリバリという衝撃が走るのです。

鉄道の高架下などは、電車が通らないことを確認してからでないと歩けません。もし、高架下を歩いているときに電車が通ると、「ゴーッ」という音と「カンカンカン」という音につぶされるような、「痛い」という感覚に襲われてしまいます。

こうした騒音に囲まれているため、道を歩きながら人と話すのは、とても困難になります。

「話している人の口元を一生懸命見るんですけど、その人の声質によっては周りのざわざわという音に紛れて聞こえなくなってしまいます。『話し声を聞かなければ』と意識を集中するので、静かなところで話すより余計に疲れてしまう。できれば、立ち止まって話したいです。歩きながらだと、歩くことにも集中しないといけないし」（河高さん）

河高さんには発達性協調運動障害もあり、身体のバランスをとるのが難しく、「走る」といった行動を無意識にできないときがあります。動作が一つにまとまらず、「手を振る」「足を前に出す」といった動きを一つひとつ意識しないと走れなくなります。そのため、「歩くこと」と「話すこと」を両立するのは、河高さんにとって難度の高いことなのです。

スーパーマーケットの冷蔵棚がうるさい

河髙さんは、人混みなどでたくさんの音が耳に入ってき過ぎると、何を聞いたらいいのかわからず、乗り物酔いしたように気持ち悪くなってしまいます。それを防ぐために、外出時はノイズキャンセリングのイヤホンを使っています。

ノイズキャンセリングの原理は、騒音の波の振動と正反対の空気の振動を発生させ、音を打ち消すというものです。イヤホンでは、外部で発生している騒音を付属のマイクで拾い上げ、それと正反対の音波をイヤホン内で再生することで、騒音を低減する仕組みを実現しています。

このノイズキャンセリングのイヤホンをつけると音が全体的に遠く聞こえ、圧迫感がなくなるのです。河髙さんは人と話すときは、片耳だけつけて対応しています。イヤホンが出している音が気になってしまい、両耳につけていると逆にノイズとなってしまうからです。

学校の授業中も、できればイヤホンをつけていたいという河髙さん。すべての音量をいったん下げ、そのうえで聞くべき音を拾うほうがまだ楽だと感じています。しかし、すべての教科でイヤホンをつけることが許されているわけではありません。大半の授業では先生の声、生徒の話し声、風の音、風で窓がガタガタいう音、ノートに字を書く音など何種類もの音から、聞くべき音をがんばって拾っています。

グループワークは、さらに難度が高くなります。自分のグループの会話だけでなく、教室にいるそのほか全部のグループの会話が一斉に同じような音量で聞こえてきて、何を聞き取ればよいのかわからなくなってしまうからです。こうしたことから、授業を受けるのは1日4時間が限界です。

また、河髙さんが一番苦手なのは拍手の音です。何かが破裂したような音に聞こえ、耳が痛くなってしまいます。それゆえに、拍手が起こるような発表会や学芸会などの学校行事は、体育館の後ろのほうに避難してやり過ごしています。

実は、自分にこうした感覚過敏があるということを知るのは、そんなに簡単ではありません。感覚過敏は生まれつきの特性であり、当事者にとってはそれが通常の世界であるためです。

河髙さんも、中学2年生のときに母親から検査を受けてみようと言われるまで、おかしいなとは思っていたものの、自分が人と比べて感覚が過敏であるという認識はありませんでした。小学生のころは、周りの人も自分と同じようにさまざまな音が聞こえていると思っていて、なぜみんなは平気なんだろう、どうして授業に集中できるのだろうと思っていたそうです。運動会で裸足になったときも、触覚過敏のある河髙さんは足裏が痛かったので、周りがそんなに嫌がっていないことが不思議でした。

感覚過敏は幼少期から存在していますが、本人がうまく言語化できない時期に保護者がそれに気づくこともなかなか困難なのです。

河髙さんは小学生や中学生のときに、運動や読み書きが苦手だったことや、周りに合わせられないことなどからいじめられ、不登校になってしまいました。高校は、発達障害の特性に対して個別対応をしてもらうなどして、通うことができています。

こうした対応は「合理的配慮」と呼ばれています。２０１６年4月から施行されている「障害者差別解消法（正式名称：障害を理由とする差別の解消の推進に関する法律）」によって、障害のある人から、社会のなかにあるバリアを取り除くために何らかの対応を必要としている、と意思が伝えられたときには、できる限り対応することが、行政や学校、企業などに求められるようになったのです。

ただ、この「合理的配慮」をどこまでおこなうかはそれぞれの学校や企業に委ねられており、対応に差があるというのが現状です。

河髙さんが通う高校では、音がうるさいと感じられるときは教室の外に出てもいいとされています。これも、感覚過敏のある生徒に対する「配慮」です。

しかし、河髙さん自身はノイズキャンセリングのイヤホンをつけてでも授業に参加したい、みんなと一緒にいたい、という思いがありました。

そもそも、「合理的配慮」がどうあるべきかは、本人の希望によって変わります。そこで、教育現場における合理的配慮のあり方について、２０１７年3月に文部科学省はガイドラインを作成しました（「発達障害を含む障害のある幼児児童生徒に対する教育支援体制整備ガイドライン」）。

このガイドラインには、学級担任や医師、自治体などの役割や連携方法について示されています。これに基づき、当事者や保護者の希望に沿った配慮がなされることが義務付けられました。

さて、河髙さんと有働アナウンサーは、スーパーマーケットに入りました。ここも、河髙さんにとっては音の洪水です。

「(野菜売り場の冷蔵棚の横に立って）ここから絶えず音が聞こえるんですよね。今は、『キーン』と『シャー』と『ゴー』という3種類くらいの音がしています。おそらく、蛍光灯の音と冷蔵の音だと思います」（河髙さん）

有働アナウンサーにとっては静かな場所でも、河髙さんにとってはうるさい場所。冷蔵や蛍光灯の音に、店内アナウンス、ＢＧＭ、店員や客の声、レジ袋の音などが混ざって聞こえるといいます。そのため、音の洪水に疲れ果ててしまい、店内にいるのは15分が限界です。店から出ると、ほっとします。

河髙さんにとって、スーパーマーケットやショッピングモールなどは、「よし、行くぞ」と決心して行く場所です。家電量販店は、音に加えて光も強いため、ノイズキャンセリングのイヤホンをつけていても、長く店内にいることはできません。たくさんの刺激にさらされるため、買い物が終わったあとは、家に戻って少し横にならないと次の行動に移れないほど疲れてしまいます。

発達障害の子を育てる

こうした疲れは河髙さん自身、行動している最中には気がつきません。けれど、外出から戻ると「どろっと」疲れが出てくるのを感じるそうです。そこを、河髙さんの母親は心配しています。

「傍から見ると、娘は普通に話しているし、歩いているし、そんなに疲労しているようには見えないですよね。でも、家に帰ってきたら疲労困憊《こんぱい》で寝込んでしまう。一時期は、学校から帰ってきたらほとんど横になっている状態でした。感覚の過敏があることで疲労が強くなって、その疲労のせいで生活のクオリティが大きく下がってしまっているん

です」（河高さん母）

河高さんの母親は、娘の発達障害がわかってから、疲れやすい娘の身体と心を労《いたわ》り、少しずつ環境を調整してきました。

「運動会は、徒競走などのピストルの音がこわくて参加できない。学芸会の練習は、音がこもる講堂に入りたくないなど、行事ごとに一つずつつまずいてしまうんです。それがどうしてなのかを考えていくなかで、感覚過敏について知っていきました。娘は、がんばればできるんです。でもそれは普段の180％くらいの力を出してなんとかやれる、ということ。その力を常に出し続けることはできません」（河高さん母）

たとえば、学芸会の本番の舞台に合わせるならば、練習を何回か休んだり、練習のあとに早退することが必要になります。河高さんは感覚過敏が飽和状態になってくると、精神的にとても不安定になってしまいます。そうなる前に、休む必要があったのです。

しかし、周りには「もっとがんばらないと」「過保護なんじゃないか」「ちょっと神経質過ぎる」などと言われてしまうことがありました。

「発達障害の子は、急に休んでしまったり、突然暴れだしたり、周りを〝困らせる〟子だと思われています。でも、困っていなかったらそんな行動には出ないんです。本当は〝本人が一番困っている〟んだという視点で見てもらいたいですね」（河高さん母）

発達障害の子を育てる悩みについては、番組にも多数寄せられました。

「4月に新1年生になった男の子の母です。息子は初めてのことや見通しの持てないことが不安でたまりません。口頭だけでの指示は理解が難しいのですが、『視覚優位』の特性のため目で見てわかる方法で、するべきこと、終わりはいつなのかなどを示してくれると安心につながり、活動もスムーズになります（それでも無理なときもありますが、口頭だけの指示よりはずっといいです）。**周りを見てなんとなく動けることもあるので、視覚支援は必要ないと思われがちですが、それは本人が常にフルの状態でがんばっているからで、実はかなりのストレスを重ねています。そのため、家では調子を崩していきます。できているから大丈夫、ではなく、その子に合った支援をして欲しいと、学校の対応をもどかしく思っています**」（青森県30代）

「一見して特性がわかりにくいので、外を連れて歩くのがこわいです。7歳の上の子がバスでパニックになり終点に着いても寝っ転がったままで、2歳の下の子をおんぶし、上の子を抱き上げ降車したこともあります。病院の待合室で寝転んで雑巾のようにはい回ったり……そうなってくると周りの目がこわいです。**周りに迷惑をかけないように、と常に気を張っていて正直つらいです。普通のことが普通にできないつらさは親も感じ**

ていて、世間と我が子との板挟みです」（東京都30代）

「小学校低学年の自閉スペクトラム症の息子の母です。子どもがちょっとしたことでも怒り、私のことを責めてくるので、つい私も我慢しきれず、怒鳴り返してしまうことがしょっちゅうあります。**息子はこだわりが強く、相手が自分の考えと違うことをすることに、ものすごく大きなストレスを感じてしまうことは知っています。それなのに、受け止めてあげられず、つい叱《しか》ってしまい、負のスパイラルをつくってしまう自分の大人げなさに落ち込む毎日です。**いい関係を保てるアイデアがあれば教えてください」（愛媛県30代）

「小学1年の息子が広汎性発達障害です。育つにつれ『何か違う』という違和感を覚え、市役所に相談することから始めて、診断を受けるまでに至りました。子どもの特性のことを話すと、だいたい『気にし過ぎじゃない？　普通（の子）でしょ』『考え過ぎ』と、言われます。親だからこそわかった『違和感』。親だからこその不安。子どものこれからを心配しない親がいるんでしょうか。**励ましの意味での『気にし過ぎ』なのかもしれませんが、親としては、あぁ、理解してもらえないんだな、と壁をつくりたくなります。**『今なんて、病院に連れていきさえすればみんなアスペって言われるよ』と言われたの

が、今までで一番キツかったです……」（愛知県30代）

多くの場合、当事者や保護者のストレスの原因となっているのは周囲の誤解や無理解です。発達障害についての正しい知識が広まることで、解決できることはたくさんあります。

感覚過敏がコミュニケーションの問題を引き起こす

定型発達の人には想像がつかない、感覚過敏の世界。これまで、自閉スペクトラム症の特性である「コミュニケーションおよび対人関係の障害」は、人の気持ちを想像できないことなどが原因とされてきました。

しかし、近年の認知心理学研究や当事者研究から、その原因が社会性以前の感覚・運動レベルにあることも指摘されています。つまり、コミュニケーションの困難は、感覚過敏から来ているとも考えられるのです。

たとえば、喫茶店などさまざまな音が聞こえる場所での会話。自閉スペクトラム症の人が、会話のキャッチボールがうまくできなかったり、少しずれた答えを返したりしている場合、それは相手の声がうまく聞き取れていないのかもしれません。

人と話をするとき、河髙さんには周囲の音がどのように聞こえているのか。番組では本人の証言をもとに、有働アナウンサーと喫茶店で話しているときに聞こえていた音を再現しました。

聞いてみると、有働アナウンサーの声と周りの話し声、ウィーンという何かの機械音、BGM、ほかの客がストローで飲み物をすする音などが混ざり合って聞こえ、有働アナウンサーの声はほとんど聞き取れません。その状態で会話を続けるのは、非常に困難であることがわかります。

では、その不快さはどれほどなのか。スタジオゲストの片岡さんは、聴覚の過敏性について「『仲が悪い隣の住人のピアノの音が気になる』といった心因的な『気になる』ではなく、思考の中断を余儀なくされるほどの強い刺激。頭が真っ白になり、我慢できるレベルではない」と説明します。
「小さいころ、ほかの子どもの近くにいるのがすごくつらくて、いつも一人でいました。今から考えてみると、ほかの人が発する音で体調が悪くなってしまっていたんだと思います」（片岡さん）
片岡さんも河髙さんのように、喫茶店や居酒屋などで人の話が聞こえづらく、苦労してきました。感覚過敏の存在を知るまでは、聴力に問題があるのかと考え、何度も耳鼻科を受診したといいます。

しかし、そのたびに聴力には問題がない、という診断を受けてきました。そのため、「みんなもこんなにうるさく聞こえているけれど、努力して話し声を聞き取っているのだ。みんなと同じようにできない自分が悪いのだ」と思い込んでいたそうです。

また視覚的な特性も、コミュニケーションの妨げになります。自閉スペクトラム症の人の特徴の一つに「相手の目を見て話さない」というものがあります。それは片岡さんによると、目を見るのが気まずいといったことではないのだそうです。

「人の顔を見ることで、目・鼻・口の形、表情、ほくろなど個別の情報が一気に入ってきて、情報がまとまらなくなってしまいます。その顔の視覚情報と、音として入ってくる会話の情報の取捨選択を同時におこなうことで疲れ果て、あまり話の内容を理解しないまま、とんちんかんな答えを返してしまったりする。だから、最近では相手に失礼だと思われないように、事前に伝えてから横を向いて話をさせてもらうこともあります」(片岡さん)

そこで、今回の番組では「話し相手の顔を見なくてもいい」というルールを設けて、スタジオでの議論をおこないました。綾屋さんと片岡さんからの提案で設けられたルールでしたが、栗原さんにとっても心地よいルールだったそうです。

「僕も相手の顔を見ながら会話するのがちょっと苦手なんです。どれくらい見ていれば相手から不審に思われないか、といった程度がよくわからないからです。だから、『あなたのことが嫌いというわけではないんです』と思いながら、横を向いて話すこともあります。相手と話していたいけれど、どれくらい見ればいいのかということを考えるのに、ちょっとエネルギーを使い過ぎてしまうんですよね」（栗原さん）

番組には、感覚過敏についてのメール・ファクスが届いていました。

「中2の双子の息子が発達障害です。昨年、2人も嗅覚、それから聴覚の過敏で苦しんでいたことがわかりました。**学校では水道水は臭いと言って飲みません。それから椅子のガタッという突発的な音とか、クラスメイトの騒ぐ音、卒業式の呼びかけなどは、耳をドリルでやられているような感じ**だということです。しかも精神的に不安定になると、過敏の具合も変わってきます」（青森県40代）

「触覚、**触れるところの過敏ゆえに着られる服が限定されて、結婚式などのフォーマルな服装はほとんど素材が合わず着られません。**よく『多少は我慢しろ』と言われますが、

どうしても苦痛です」（佐賀県10代）

感覚過敏による刺激を我慢し続けると、頭が痛くなる、吐き気がするという症状が出ることもあります。スタジオゲストの片岡さんは「僕は40代で自閉スペクトラム症と診断されるまで、何十年もそれに耐え続け、非常に具合が悪くなってしまいました。だから、若い方にはできるだけそういう苦痛を我慢して欲しくないと思います」と当事者としてメッセージを送りました。

学校の教室がパチンコ店くらいの騒音に満ちている

自閉スペクトラム症の人はどの程度、音を敏感に受け取っているのでしょうか。

東京・小平市《こだいら》にある国立精神・神経医療研究センターの高橋秀俊《たかはしひでとし》さんは、自閉スペクトラム症の人と定型発達の人が、それぞれどれくらいの音に反応するのかを調べるために、「聴覚性瞬目反応」に関する実験をおこないました。

この実験では、被験者にヘッドホンをつけてもらい、そこからさまざまな大きさのノイズを突然出します。そのときの、目の周りの筋肉がぴくっと動くのを計測することで、音に対する反応の大きさを測るというものです。

音の大きさによる筋肉の反応

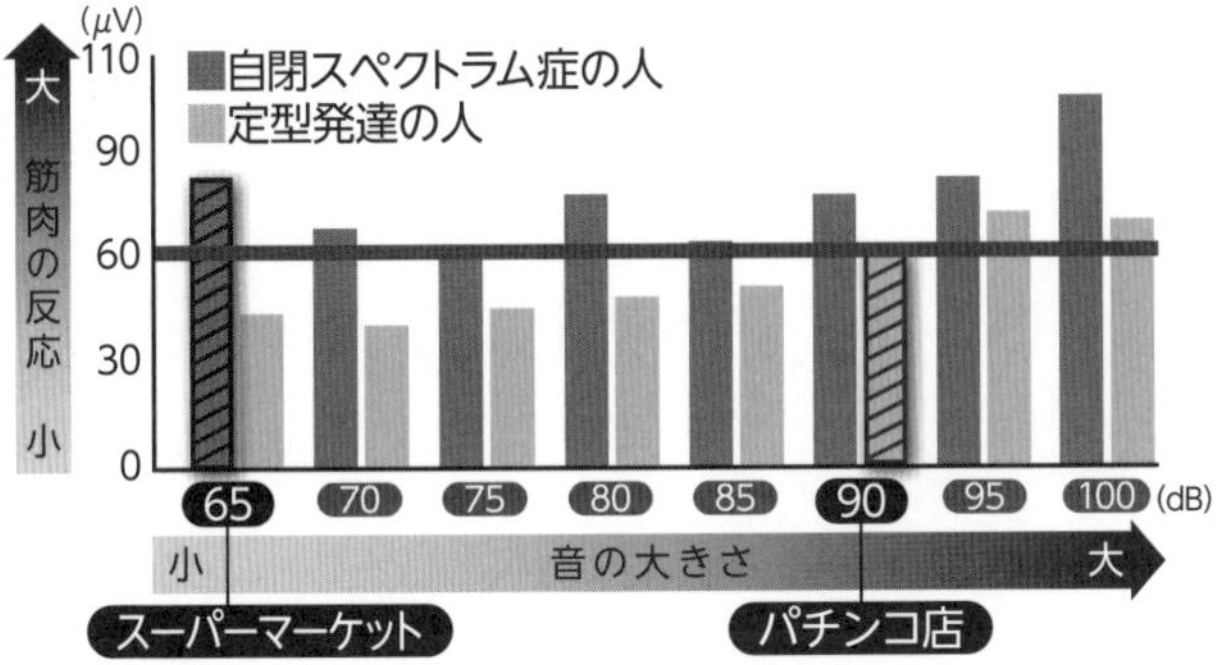

高橋秀俊さんの研究より。
[「発達障害　解明される未知の世界」(2017年5月21日放送) より作成]

実験の結果、定型発達の人は、音が大きくなるにつれ、筋肉の反応も大きくなる傾向がありました。

一方、自閉スペクトラム症の人には、65デシベルという日常生活においてよく耳にするレベルの小さな音でも、定型発達の人に90デシベルの音を聞かせたときよりも大きな反応があったのです。そしてどの大きさの音に対しても、定型発達の人より強い反応がみられました。

65デシベルというのはスーパーマーケットやファミリーレストランの店内くらいの音の大きさです。90デシベルはパチンコ店内くらいの音。この結果により、自閉スペクトラム症の人にとってはスーパーマーケットの店内の音が、定型発達の人がパチンコ店で耳にする音よりもうるさく感じられる、という可能性が示唆されました。

ちなみに、全国環境研協議会がまとめた「騒音の目安」によると、航空機の機内が77デシベル、地下鉄の車内が76デシベル、新幹線の車内が69デシベル、銀行の窓口周辺が59デシベル、書店の店内が52デシベル、図書館の館内が43デシベルくらいになります。


ある学校環境に関する研究では、学校の教員の声の大きさの平均が65デシベルだという報告がされています。すると授業中の教室が、自閉スペクトラム症の子どもにとっては、ゲームセンターやパチンコ店くらいのうるささになっている可能性があります。そこにほかの子どもたちの声が加わると、いったいどれくらいの騒音と感じられるでしょうか。

実験をおこなった高橋さんは、結果についてこう語りました。

「学校の先生が普通に話していても、感覚過敏のある子どもにとっては、ものすごく大きな声で言われているように聞こえているかもしれない、ということです。そのため、先生としてはちょっとした注意をしたつもりでも、本人はすごく怒られているというふうに捉えているかもしれません。こうしたことが積み重なると、感覚過敏によって社会生活に支障をきたすようになる可能性が大きいでしょう」

また、学校や保育園で子どもが大きな声を出して騒いでいるときは、90デシベル近くにまで上昇するという報告もあります。その近くに聴覚過敏のある子どもがいた場合、かなりつらい思いをしているかもしれません。そこで働いている教員や保育士に聴覚過敏がある場合も同様です。

スタジオゲストの片岡さんは、東京都の自閉症協会で「自閉スペクトラム症の子どもは不登校になることが少なくないが、その原因はいじめではなく、感覚過敏がきっかけというケースもある」という話を聞いたといいます。

たとえば、学校で塗装工事をしていると、その臭いがつらくて学校に行けなくなってしまうのです。教室が壁で仕切られていないオープンスペースの校舎が増えてきていますが、それによって外部からの刺激を強く感じやすい自閉スペクトラム症の児童や生徒にとって、過ごしにくい環境が増えているという可能性も考えられます。

また、今回の実験では、自閉スペクトラム症の人は小さい音に対する反応が大きいということに加えて、潜時（音が鳴ってから反応のピークまでの時間）が長いという傾向がみられました。反応が遅いということは、ゆっくり伝えるようにすれば理解できる可能性が高まるということです。

この結果を受け、高橋さんは、「聴覚過敏がありそうな子どもには、落ち着いた環境のなかでできるだけ情報を絞り、ゆっくり提示するということが大事だと思います。そういう対応を早期からおこなうことで、その後のコミュニケーションや社会性に聴覚過敏がもたらす影響を軽減できるのではないでしょうか」と助言をしました。

感覚器ではなく脳の情報処理が違う

認知神経科学の分野で研究を続けているロンドン大学教授のフランチェスカ・ハッペさんは、自閉スペクトラム症の人の認知に関する研究の第一人者です。彼女は、自閉スペクトラム症の人の聴覚過敏は、聴力の異常ではなく、脳の神経系の情報処理の問題だと考えています。感覚刺激への過敏性は3つの可能性から説明できるといいます。

その3つとは、自閉スペクトラム症の人は刺激に順応できない可能性、高い細部への注意を反映している可能性、そして、文脈を使わず定型発達の人とは異なる方法で情報を統合している可能性です。

まず、「刺激に順応できない」とはどういうことでしょうか。

「通常の場合、何度も繰り返し同じ音を聞くと、脳の反応が次第に低下します。しかし、自閉スペクトラム症の人の場合、長時間同じ刺激を受けても、脳が同程度の高い反応を示し続けることがいくつかの研究で明らかになっています。たとえば、リビングで人と話していて、台所から食器を洗う音が聞こえてきたとしたら、最初は気になるかもしれません。でも、定型発達の人はそれを徐々に〝背景の音〟と認識して、気に留めなくなります。しかし、自閉スペクトラム症の人たちにはそれが繰り返し新しい音として聞こえるため、食器を洗う音にいつまでも気をとられ、話し相手に注意を向けることが難しくなるのです」（ハッペさん）

定型発達の人は、騒々しいレストランなどで会話をしているとき、周りの話し声などの騒音が次第に気にならなくなります。これは、脳の司令塔が指示を出すことで、聞きたい音以外の音の、聞こえるレベルを下げることができるからです。これが、「慣れ」と呼ばれる機能です。

しかし、自閉スペクトラム症の人のなかには、司令塔による慣れの機能がうまく働かない人がいます。その場合、不要な音のレベルを下げることが難しく、すべての音を高いレベルで受け取ってしまうのです。

そして、「高い細部への注意を反映している」というのは、片岡さんの言う「顔のそれぞれのパーツに注目してしまうため、目を見ながら話すのが難しい」という問題にもつながっています。

「自閉スペクトラム症の人は、細部に注意を払う能力の高さによって、関連性のない周囲の物事に気を紛らわされることが多いという研究結果があります。例を挙げると、オーケストラを聴く場合、通常ならメロディーを中心に演奏全体を聴くでしょう。これが定型発達の人の感じ方です。一流の音楽家なら、それぞれの楽器を聴き分けることができるかもしれません。超一流の音楽家なら、バイオリンパートのそれぞれの奏者を聴き分けるかもしれません。自閉スペクトラム症の人は常にそのレベルの注意が細部にまで払われている、とイメージしてみてください。誰かと会話をしていても、関係のない音の音量が下がらないだけでなく、たいていの人には聞こえることがないような背景の騒音の一つひとつの要素に気をそらされることになります」（ハッペさん）

これは河髙さんが、スーパーマーケットで冷蔵棚や蛍光灯が発する音まで聞き分けていたことなどに通じます。

またハッペさんは、「自閉スペクトラム症の人には絶対音感が備わっている場合も少なくありません。会話をしながら発言内容だけでなく、声の高さにも注意を引かれているとしたら、脳で処理する情報は膨大になってしまいます。自閉スペクトラム症の人は定型発達の人よりも、世界を細密に認識しているのです」とも指摘しています。

では、「文脈を使わず定型発達の人とは異なる方法で情報を統合している」というのはどういうことなのでしょうか。定型発達の人の脳は予測エンジンとして機能し、次の刺激に備えようとしています。しかしハッペさんは、自閉スペクトラム症の人は予測によって情報を簡単にまとめられないことが、研究によって明らかになっていると言います。

「定型発達の人が、騒音のなかでも会話の相手の話を聞き取れるのは、次の言葉を予測しているからだと言えます。文脈を把握することで、たとえよく聞こえなかったとしても、『次にこういう言葉が来るだろうな』と予測しながら会話をつなげているのです。それが、自閉スペクトラム症の人には難しいことがあります。途切れている文章を完成させてもらうという実験を紹介しましょう。“You go hunting with a knife and”（ナイフを持って狩りに出ると）という文章に何かをつなげてもらうと、定型発達の人はたいてい“...and you can catch a bear.”（クマを捕まえることができる）、といったようにつなげます。しかし、自閉スペクトラム症の人は“...and fork.”とつなげることがあるのです。“You go hunting with a knife and fork.”（ナイフとフォークを持って狩りに出る）は、文章としておかしいですよね。でも、“knife and fork”（ナイフとフォーク）という部分的な関連に引っ張られてそう答えてしまう。これは、全体の文脈が考慮されていないことが原因です」（ハッペさん）

自閉スペクトラム症の人の脳は、意味や経験に基づく予測をおこなうトップダウン型の処理と、五感からの情報を受け取るボトムアップ型の処理、この2つのバランスが定型発達の人とは異なっているとハッペさんは考えています。自閉スペクトラム症の人は、目や耳から受け取った情報に対する、前頭葉などからのトップダウン型処理による制御がおこなわれていない可能性があると言います。

「自閉スペクトラム症の人々の脳が、定型発達の人とどう違っているかはまだ正確にはわかっていません。ただ、自閉スペクトラム症の人の脳内では、各部位でのローカルな神経のつながりが強く、脳全体に及ぶ広い範囲の神経の接続性が弱いという理論があります。それは実際に、自閉スペクトラム症の人々が細部への観察眼に優れている一方で、グローバルな処理が比較的弱いという心理学上の研究結果と関連しています。定型発達の人々は、情報を常に統合しています。裏を返せば、細部を疎《おろそ》かにしている、世界を大ざっぱにしか捉えていない、とも言えるでしょう。たとえば、定型発達の人に『川、海、小川、滝』などの言葉のリストを聞いてもらいます。その後、今聞いた言葉は何だったかを答えてもらう。すると、リストに含まれていない『水』という言葉が誤って入っていることがしばしばあります。全体的な物語をつくるために、与えられていない情報を付け加えてしまうのです。自閉スペクトラム症の人々にはその反対の傾向があります。聞いたことの要点や意味を抽出するのではなく、聞いた言葉を一つひとつ正確に覚えることができるのです」（ハッペさん）

細部に気づける自閉スペクトラム症の人にとって、世界は情報に溢《あふ》れ過ぎています。一方でそれは、世界が定型発達の人には見えないかたちで、驚異に満ちたものとして見えているとも言えます。

「細部を捉える能力は、自閉スペクトラム症における特別な才能の起点であると考えられます。感覚過敏は不快でネガティブなものとして経験される傾向もありますが、一部の自閉スペクトラム症の人は刺激への高い感受性を楽しんでもいます。彼らは、この世界の豊かな細部と、その驚くべき美しさを感じ取る能力を失いたくない、と言うのです」（ハッペさん）

シミュレータで自閉スペクトラム症の人の世界を体験

今、自閉スペクトラム症の人の感覚世界を疑似体験する、という研究がおこなわれています。

情報通信研究機構脳情報通信融合研究センター主任研究員の長井志江《ながいゆきえ》さんの研究グループが開発したのは、自閉スペクトラム症の人の視覚世界を再現するシミュレータです。スタジオゲストの綾屋さんも、発達障害の当事者である研究員としてこの研究に携わっています。

シミュレータ開発のための実験。
自閉スペクトラム症の人に、よく見る視覚過敏パターンを再現してもらう。
[「発達障害　解明される未知の世界」(2017年5月21日放送)より]

長井さんは、この研究の目的は２つあると言います。

「一つは、自閉スペクトラム症の方の脳内で起こっている現象を、客観的に人に見えるかたちで表現し、理解を促進すること。もう一つは、当事者が感覚過敏によって感じていることを定量化することで、困難の原因となっているものを導き出すことです」

とはいえ、「あなたにはどういう世界が見えていますか？」と聞かれても、的確に言語化できるものではありません。特に子どもや知的障害を伴う自閉スペクトラム症の人は、言葉にできずにいました。

口でうまく表現できない情景や状況をどう導き出すか。役立ったのは、長井さんが以前から進めていたロボットの研究です。

長井さんは子どものように発達するロボッ

長井志江さんの研究グループが開発したシミュレータによる、
自閉スペクトラム症の人が知覚している世界の再現画像。
自閉スペクトラム症の人が常にこう見えているわけではなく、見え方も人により異なる。
[「発達障害　解明される未知の世界」(2017年5月21日放送) より]

トをつくることで、人の認知発達のメカニズムやプロセスを理解しようとする研究をしていました。そのなかで培った画像処理の技術を活用したのです。

はじめにサンプル映像を用意し、それにいろいろなフィルターを施すというかたちで、自閉スペクトラム症の人の視覚を再現していきました。

フィルターは、細かな点がノイズとして入っているパターン、コントラストが強いパターン、全体的に白飛びしているパターン、色が消えて白黒に見えるパターン、視力の悪い人がメガネを外したときのような全体がぼやけているパターン、輪郭線が強調されているパターンの6つです。

この6種類は、約20個のフィルターをつくったなかから予備実験で選ばれています。自閉スペクトラム症の人に「このパターンのなかでどれを多く見たことがありますか」と質問し、票が多かった6種類を取り上げたのです。

さらにそこから、自閉スペクトラム症の当事者22人に実験に協力してもらいました。コンピュータのディスプレイに映像とフィルターを表示し、「どんなシチュエーションで、どんな視覚パターンを見たことがあるか」を詳細に答えてもらったのです。

たとえば、人がたくさんいるお祭りのシチュエーション。その映像を見てもらい、6つのフィルターのなかから過去に体験したことのある視覚パターンを選びます。「こんなふうに人がたくさんいる場所ではコントラストが強くなったな」と思ったら、コントラストのフィルターを選択。フィルターは複数選択でき、「さらに白黒になったような感じもした」と思えば、白黒のフィルターを重ねて選べます。フィルターの強度もスライドバーで調整できます。

そうした実験を、交差点や駅のホーム、スキー場など29種類の映像についておこないました。すると、いくつかの共通するパターンが発見されました。コントラストの強調、色が消えて白黒になる無彩色化、視野全体に現れる砂嵐状のノイズなどです。

また、パターンを導き出すだけでなく、それがどういう環境で起こるのかということも同時に解析しました。その結果、コントラストの強調・高輝度化はまぶしいところで起こる、砂嵐状のノイズは周囲の動きや音の強さに変化があった場合に生じる、などといった傾向があることがわかりました。

逆に言えば、環境の刺激が少ない場所では、コントラストの強調やノイズの発生が起きにくいと推測できます。こうした視覚変化のパターンと、それを引き起こしうる環境要因の関係性がわかれば、どういう環境にすれば視覚過敏の症状を軽減できるかという、社会側の合理的配慮の設計につながると考えられます。

車道に向かって走っていってしまう理由

長井さんは、定型発達の人が自閉スペクトラム症の人の世界をより理解できるように、この実験で得られたパターンを抽出し、それをシミュレータに実装しました。

このシミュレータは、マイク内蔵型カメラのついたヘッドマウントディスプレイをかぶって体験します。カメラとマイクから入力された、視覚や聴覚の信号をリアルタイムで処理し、ディスプレイ上に自閉スペクトラム症の人の視覚世界を疑似的に再現するのです。

たとえば、ヘッドマウントディスプレイをかぶって止まっている状態から歩きだすと、視界に点々とノイズが現れます。急に目の前で何かが動いたり、突然物音や誰かの声がしたりすると、それも刺激となって見え方が変わります。

「このシミュレータ上では、動きと音の変化によってノイズが現れたりぼやけたりするため、ぱっと人が現れて話しかけられた場合、相手の表情などが見えづらいということがあります。自閉スペクトラム症の方が人とコミュニケーションを取りづらいというのは、そもそも視界がクリアに見えていないことが原因なのかもしれません。おそらく、さまざまな要因が関係していると思われますが、それぞれの要因に対して対処をすれば、コミュニケーションがよりスムーズになる可能性もあります」（長井さん）

さらにこのシミュレータでは、当事者を対象にした実験で得られたパターンとして、「高輝度化」を表現する機能も実装しまし

自閉スペクトラム症の人の視覚世界を
疑似的に再現するヘッドマウントディスプレイ型シミュレータ。
［「発達障害　解明される未知の世界」（2017年5月21日放送）より］

た。シミュレータをつけて部屋のなかから急に外に出ると、画面全体が真っ白になって何も見えなくなります。そもそも定型発達の人でも急に明るいところに出ると、まぶしくて一瞬周りが見えなくなることがありますが、視覚に過敏性のある自閉スペクトラム症の人の場合、その度合いが極端に強く、パニックになってしまうほどだということを表現したのです。

長井さんは、自閉スペクトラム症の人の困りごとを多くの人に知ってもらおうと、このシミュレータの体験会をたびたび実施しています。番組で取材したときには、自閉スペクトラム症の子の保護者や学校の教員など、25名が参加していました。

体験会ではまぶしさについて、自閉スペクトラム症の子どもを持つ母親から「こんなふうに見えてるんだったら、外に出るのもつらいですよね。屋根があるところとないところで、明るさがこんなに劇的に変わるなら、それはどうにかしてあげたい、と思いました」という感想が聞かれました。

また、「明るいところではすごくまぶしそうに、目を細めたままだったりするんです。それは、こんなふうに見えていたからだったんですね」と子どもの特徴的な行動に対する理解を深めた人もいました。

ほかの体験者からは、「外の光が入ってくるところだけが強調されて、それ以外が真っ黒な感じです。もし学校の教室がこうだったら、窓だけがこんなに明るく見えて、あとは暗いのかなと。そうしたら、黒板の文字は見えないですよね。それに、窓際の席になったら、光が強調されてまぶし過ぎて、集中できないんだったら大変ですよね」と学校での学習困難に感覚過敏が関係していることを示唆するコメントがありました。

特別支援学校で働く教員は、「私たちからするとまぶしくない光なんですけど、『まぶしい！　目が焼ける！』って言ってた子がいて。そのときは『何のことを言っているんだろう』と思いながら、カーテンを閉めたんです。こんなにまぶしく見えていたんですね。自分では生徒のことをわかっていたつもりだったんですけど、シミュレータで体験してみることで、実際はこんなに違うんだということが実感できたのがよかったです」と体験の価値を語っていました。

親族に発達障害の人がいる体験者は、「（発達障害のある親族が）小さいころ、車が来ているときに、そちらのほうが明るいと、走っていってしまうことが何度もあったんです。それは不注意なんだと思っていました。でも本当は明る過ぎて車が見えてなかったから走っていったのかもしれません」と、当事者の行動の理由を推測していました。

感覚過敏の症状は、歳を重ねるにつれて薄れていく場合もあります。シミュレータによって、幼少期の感覚を思い出した自閉スペクトラム症の当事者もいました。

「小さいころ、よく車道に飛び出しそうになったりしてたんです。暗いところから外に出たときに、シミュレータで見たみたいに、視界が一気に真っ白になって、車が来ている状況もわからなくて、びっくりして走りだしちゃったんだなってことが、今回よくわかりました。あと、音が鳴ると周りにノイズがブワーッと出てくるとか、水玉模様とか色が出てきたりするのは、本当に子どものころに体験したのとそっくりです。ストレスがかかったり、体調が悪いときは、よくああいうものが見えていたなと思います」

こうした感覚過敏をシミュレータで疑似的に再現することで、発達障害の当事者からは「自分が困っていること、生活しづらいことをこれまで何度言っても周囲の人にあまりわかってもらえなかった。シミュレータを通して、実際にこういう症状があるということ、そういうものを引き起こす神経学的なメカニズムがありうるんだ、ということを表現してもらえたので、自分の困りごとを周りの人と共有できるようになった」という感謝の声がありました。

シミュレータによって、周りの人には突発的な困った行動に見えても、当事者にはその行動を取る理由があることがわかります。

「自閉スペクトラム症の親族がいます。突然目を塞いだり、耳を塞いだり、しゃがみ込んだりしていたのは、刺激が強過ぎたのかもしれませんね。情緒が不安定なのかと思っ

ていたのですが、それ以前に、感覚の問題なんだということがわかりました」（体験者のコメント）

「自閉スペクトラム症と診断されている子が、嫌がって泣いたりしているときに、どうしてパニックになっているのか、これまでわからなかったんです。でも、このシミュレータを通して見ると、全然世界が違うので、泣いている理由のヒントがもらえた気がします」（体験者のコメント）

長井さんは、自閉スペクトラム症の子どもが騒がしい環境でパニックになり、「ワーッ」と叫んだり、耳をパンパンと叩いたりするなどの常同行動（特定の行為・行動を繰り返す状態）について、こうした仮説を立てています。

「自閉スペクトラム症の人にとっては、周囲からの信号の予測のしづらさが大きな問題だと考えられます。鳴っていた音が急になくなる、静かだったところが突然うるさくなる、そういった変化が生じるときに、ノイズなどが現れる傾向があるようです。その環境で起こっていることの予測がしづらいときに、感覚の過敏性が強くなるとも考えられます。そのため、動いたり、声を発したりすることで、予測しやすい刺激を自らつくり出しているのではないでしょうか。それにより、外部から入ってくる予測しづらい信号を相対的に抑えているのではないかと考えています」

感覚過敏にやさしいスタジオセットにつくり直した

シミュレータは、自閉スペクトラム症の人の感覚を理解する一つのきっかけを与えてくれます。シミュレータを体験した人の感想を一部紹介します。

「教員として特別支援学校の子どもたちと接しています。今回のシミュレータで見えたものはすごく意外でした。子どもたちが突発的な行動を取るのは、こういう状況でのことなんだなと垣間見ることができました」

「全く想像していたのと違う世界でした。看板の色が強過ぎて、ゲームの世界にいるような感じがしました」

このように、体験者からは、想像もしなかった世界が広がっていた、という感想がたくさん聞かれました。


この体験から、自閉スペクトラム症の人にどう接すればよいのか、どういう環境を用意すればよいのか、というヒントをもらった人もいました。たとえば、自閉スペクトラム症の人がうまく行動に移れないときやじっと固まって動けなくなってしまったときに、「まぶしかったのかな？」などと想像すると、声のかけ方も変わってきそうです。

長井さんはこのプロジェクトの価値の一つとして、実験に参加した自閉スペクトラム症の人が、自分の症状を自覚することができたことを挙げています。

「視覚過敏で見えていることを語ったり、映像としてつくり出したりすることを通して、『たしかに自分はこういう景色を日常生活で見ていたな』『こういう難しさがあったのか』ということを自覚できるようになった、とおっしゃっていただけたんです。実験に参加される前は、ただ困難さだけを抱えていた方が、症状を自覚することで、色の薄いサングラスをかけたり、部屋の照明を明るさが調節できるタイプのものに替えたりと、対処できるようになった、という感想もいただきました」

ただし、注意しなければならないことがあります。自閉スペクトラム症の人にとって、世界の見え方、聞こえ方は千差万別。一人ひとりで大きく異なります。また、常に同じように見えているというわけでもありません。そのため、周囲の人が「きっとこう見えているんだろう」「こう聞こえているんだろう」と決めつけるのは禁物です。

今回のシミュレータは、自閉スペクトラム症の実験協力者22人にみられたさまざまな「世界の見え方」を、体験者に伝えやすいようあえて平均化してモデル化しています。そのなかには、多くの人に共通してみられるパターンと、一部の人にしかみられないパターンがありました。

たとえば、明るいところに出たときに周りが真っ白になり、コントラストが強調されるパターンは、協力者の多くが体験していました。一方で、周囲の音や動きが変化したときに砂嵐状のノイズが現れるパターンは、22人のうちおよそ3分の1の人が体験したことがある、という結果になりました。残りの3分の2の人は「全く体験したことがない」と答えたのです。

番組のスタジオゲスト、当事者の綾屋さんも、まぶしさに対する反応や、疲れたときにコントラストが強まることはあるけれど、ノイズが出ることはないそうです。また、出てくるパターンやその強度には、体調や疲れ具合、ストレスのかかり具合なども影響してくると考えられます。

スタジオゲストの医師、本田さんは「発達障害の人でも、どの感覚が特に過敏なのかには個人差があります。自閉スペクトラム症であっても、感覚の異常がない人もいますし、逆に感覚がちょっと鈍いという場合もある。人によってかなりばらつきがあると考えたほうがよいでしょう。本人が困っていることはいったい何なのか。当事者一人ひとりにきちんと向き合って対処することが大切です」と補足しました。

感覚過敏に対応して、今回のNHKスペシャルのスタジオセットは、途中でプランを変更して設計しています。最初の案は、カラフルで文字のようなオブジェがあちこちに吊り下がっているものでした。

しかし、そのセットのイメージ図を、生放送の2ヶ月前にゲストの綾屋さんと片岡さんに確認してもらったところ、「色も形も情報が多過ぎてまいってしまいそうで、落ち着いて話ができそうにない」「司会の人など、ほかの出演者の顔を見るときに、背景の模様に埋もれて、人の顔を認識するのにも頭を使わなければいけなくなる」などといった意見がありました。そこで、一からプランを立て直し、白っぽい背景に熱帯魚の青い水槽が埋め込まれているセットに変更したのです。

当日のシンプルなセットは、綾屋さんにとっては負荷が低く抑えられていましたが、片岡さんにとっては光が反射してまぶしく感じられるものでした。

同じ自閉スペクトラム症であっても、感じ方やその程度はそれぞれなのです。

本田さんは、「これまで発達障害の人は、他人から見て『こういう行動を取る人たち』という定義をされてきましたが、『内面でこういう感じ方をする人たち』という考え方が加わってきたのが、新しい流れです」と解説しています。

当初のスタジオセットのイメージ図。
[「発達障害　解明される未知の世界」(2017年5月21日放送) より]

刺激を減らして買い物を楽にするクワイエット・アワー

自閉スペクトラム症の研究や、社会の理解が世界で最も進んでいる国の一つイギリスでは、こうした感覚過敏に対し、社会全体で取り組む動きが始まっています。35以上の店舗が集まるマンチェスター・フォート・ショッピング・パークでは、毎週土曜日の午前中に「クワイエット・アワー（Quiet Hour：静かな時間）」と呼ばれる時間帯が設けられています。

クワイエット・アワーは、店内の照明を控えめにし、音楽を消して、感覚過敏の人でも過ごしやすい環境を整える時間帯のことです。クワイエット・アワーが始まったきっかけは、ショッピング・パーク内の店で、ある自閉スペクトラム症の子どもが買い物をするときに問題を起こしてしまったことでした。

店の責任者であるサイモン・リーさんは、その子の両親に「お子さんが買い物に感じている困難とはどういうものか」「どうすれば助けになれるのか」を尋ねました。そこから次第に、自閉スペクトラム症の人にとってはこれまでの店の営業スタイルでは十分なサポートが得られず、満足するようなショッピング体験が提供できていないということがわかってきたのです。

それから、サイモンさんは自閉スペクトラム症についていろいろな話を聞いて回りました。地元にある自閉症協会を訪れ、自閉スペクトラム症の人にとって、周りの様子はどのように映るのか、どんな体験をしているのかを聞き、少しずつ理解を深めていきました。そして、どんな人にとっても心地よいショッピング体験を提供したい、と考えるようになったのです。

そして生まれたのが「クワイエット・アワー」でした。この時間帯には、照明の明るさを落とす、エスカレーターの動力を切る、流している音楽を止める、店員が客を迎える際の挨拶や会話を控える、お知らせの放送を制限する、といった措置がとられます。極力、外部からの刺激を抑え、感覚過敏の特性がある人でも落ち着いて買い物ができる環境をつくるのです。

最初は1店舗だけで始まったこの試みは、いまや11店舗にまで広まっています。この取り組みに協力したい、という店舗はほかにもあり、今後さらに増やしたいとサイモンさんは考えています。

マンチェスター・フォート・ショッピング・パークには、クワイエット・アワーに対する歓迎の声がたくさん寄せられています。

自閉スペクトラム症の子どもを持つ母親からは、「いつも買い物に行くときは、店内の騒音を抑えるためにイヤーマフをしているが、ここではそれが必要なかった。用心のためにつける必要もなく、子どもはここでの体験を心から気に入っていた」という感想が届きました。

また、「これまでより、リラックスした状態で買い物ができる。いろいろな商品を見て回れるようになり、多くの人と同じようにショッピングを楽しめるようになった」という声もありました。

クワイエット・アワーは、自閉スペクトラム症ではないけれど静かに買い物がしたい、という人たちにも受け入れられています。その結果、買い物客がショッピング・パーク全体でおよそ1割増加。一見、店内を暗くすることや、挨拶をして迎えないことなどは、売上が下がる要因になるのではと思われるかもしれません。しかし、実際にはその環境を好ましく感じる人が多くいたと考えられます。

電気代などのコストを下げることにもつながり、経済的にも効果があることがわかりました。こうした取り組みは、今イギリス各地で広がり始めています。

コラム①

感覚の困りごと――軽減する具体策

　発達障害による感覚過敏は、人によって症状がさまざまです。たとえば、同じ聴覚過敏のある人でも「電動ひげそりの音が極端に苦手で、自分のひげをそれない」と悩む当事者もいれば、「ひげそりは平気だけどドライヤーの音が嫌」「水洗トイレを流す音は頭が真っ白になってしまうほど苦手」など、苦手な音やその程度が人によって違います。自分の感覚過敏とどう付き合っていくか、いわば自分の「取扱説明書」をつくることが重要だとも言われています。

　最近では当事者同士が体験を語り合う機会が増え、対処法を共有できるようにもなってきました。そうした機会がさらに増えて欲しい、という思いを込め、ＮＨＫでは「発達障害プロジェクト」の公式サイト内に「みんなで作る『困りごと』の取扱説明書《トリセツ》」を開設しました。当事者や周囲の人から寄せられた困りごとへの対処法が掲載されています。たとえば、聴覚過敏に困っている当事者の家族からは「デジタル耳栓やウレタンフォームの耳栓、シリコンゴムの耳栓など10種類以上を試し、そのうちの3種類を状況に合わせて使い分けている」といった実践例が寄せられました。
触覚過敏のある当事者からは「服を着たときのチクチクした感触や、汗をかいたときのベタベタ感が苦手だが、綿やシルクでできているもの、ジャージ素材なら大丈夫だとわかった。靴下は五本指ソックスにするとベタベタ感が減って快適」などといった対処法が寄せられています。

とはいえ、感覚過敏への対処は周囲の理解も欠かせません。そのために有効なツールの一つとして注目されているのが、「ヘルプマーク」です。ヘルプマークは、外見からわからなくても援助や配慮を必要としている方々が、それを周囲の人に知らせることで、援助を得やすくなることを目的にしています。2012年に東京都が作成し、神奈川県や大阪府などの自治体でも導入、配布さ

ヘルプマーク

れています。マークの裏側には、必要な支援などを記入したシールを貼ることもできます。ヘルプマークを携帯している当事者は「外出中、いろいろな音を聞いているうちに聴覚の過敏が限界に達して言葉を発せられずにうずくまってしまうこともある。見かけた人が声をかけてくれたり、よかれと思って救急車を呼んでくれたりするが、逆にサイレンの音で症状が余計ひどくなることもあった。そんなときのために『静かなところでしばらく安静にしたい』という要望をあらかじめヘルプマークに書いておけば、話せない状況でも周囲に思いを伝えられるのでありがたい」と、そのメリットを語っていました。こうしたツールの普及も、社会全体で当事者の皆さんの困りごとを解決する一助になるのではないでしょうか。

ＮＨＫ「発達障害プロジェクト」公式サイト
http://www1.nhk.or.jp/asaichi/hattatsu/
東京都福祉保健局　ヘルプマーク紹介サイト
http://www.fukushihoken.metro.tokyo.jp/helpmarkforcompany/

（ＮＨＫディレクター　三善信一郎）

2

ADHDと学習障害の当事者に見えるもの

どうしても忘れ物をしてしまう女の子

今度は、ＡＤＨＤ（注意欠如・多動症）の世界を覗《のぞ》いてみましょう。ＮＨＫスペシャルでは、専門家の監修のもと、あるＡＤＨＤの女の子の視点を映像化しました。

映像は、ＡＤＨＤの子にとってよくある風景から始まります。朝、教室に着いて友達に「おはよう。宿題持ってきた？」と聞かれるものの、本人は「え、宿題？」と宿題があったこと自体、忘れていたようです。ランドセルのなかはぐちゃぐちゃ。整理整頓も苦手です。

授業中は落ち着きがなく、足をぶらぶら。常に身体を動かしています。うわの空で、先生の話をほとんど聞いていないように見えます。その様子に気づいた先生からは、「おーい、どこを見ているんだ！」と注意されてしまいました。先生やクラスメイトからは、だらしなく不まじめな子だと思われていました。
しかし、女の子の視点から見ると、そんなことはありません。最初は先生のほうを見て、真剣に授業を聞いていることがわかります。でも、ついつい黒板の横に貼ってあるポスターに注意を引かれてしまったのです。

（あっ、新しいポスターだ。音楽発表会があるんだな）

このとき、頭のなかはポスターのことでいっぱいです。授業のことは完全に忘れてしまい、先生の声も聞こえなくなります。ポスターに書いてあるト音記号が気になって、「なんで〝ト音記号〟って言うんだっけ」といったことを考え続けてしまうのです。

（あっ、しまった。授業聞かなきゃ）

授業中であることに気がつき、我に返るとまた先生のほうを向いて話を聞き始めます。そうすると今度は、前の席に座っている友達のカラフルな髪飾りに注意を奪われました。

（あっ、ゆりちゃんのシュシュ、かわいい！）

髪飾りのことで頭がいっぱいになって授業を聞いていない様子を先生に見つかり、「おーい、どこを見ているんだ！」と注意されてしまった、というわけなのです。

ぼんやりして授業を聞いていないということは、誰でも一度は経験があることでしょう。しかし最新の研究で、ＡＤＨＤの人の脳は順序立てて行動する機能（実行機能）と、喜びや満足を得るために待つ機能（報酬系）が弱いことがわかってきました。

努力の範囲を超えたところで、忘れ物をしやすかったり、じっとしていられなかったりという行動の特性が現れているのです。

映像の女の子には、モデルがいます。笹森理絵《ささもりりえ》さん、46歳（取材当時）。ＡＤＨＤの当事者です。自閉スペクトラム症と学習障害の診断も受けています。

笹森さんは授業中にどんなことを思っていたのでしょうか。

「もちろん、ちゃんと授業を受けないといけないことはわかってるんです。黒板を見ようとは思っているんですけど、集中できないんです。退屈しちゃうんですよね。で、刺激が欲しくなって、周りをチラチラ見て、『字が曲がってるな』とか『あのポスターの写真、ちょっと変だな』とか違うことを考えたり、算数の授業中に地図帳を読んだりしてしまうんです。授業には関係ないものが目に飛び込んできて、そこをズームアップし

ADHDについて語る笹森理絵さん。
[「発達障害　解明される未知の世界」(2017年5月21日放送) より]

てじっと見てしまう。ポンポンいろんなものが飛び込んでくるんですよ。先生の声は、耳に入ってはいるんですが、言葉として拾っていない。スポッと抜け落ちてしまうんです」（笹森さん）

そのため、先生には「話をちゃんと聞きなさい」と怒られてしまいます。笹森さんは、集中できない状態を「頭のなかが多動」と表現します。

「『今日、家に帰ったらあれがしたいな』『あれをやりたいと思ってたのに途中になってるな』といったことが、同時に7つも8つも頭のなかに渦巻いているんです。それで、肝心な目の前の授業は聞こえていないという状態になっちゃいます。聞こうとしても、頭のなかが忙しくて意識がなかなかそっちに向けられないんです。また、何か好きなことや作業をやりだしてそこに集中してしまうと、周りの音も何も聞こえなくなって時間も忘れてしまう。注意のコントロールができない感じです。うまく集中できなかったり、集中し過ぎたりと、ちょうどいい集中がどういう状態なのかわからない。皆さんいったい、どうコントロールされてるのか不思議に思います」（笹森さん）

忘れ物をしない日はほとんどありませんでした。「男子以上に忘れ物をするから、もう『忘れ物の女王』じゃなくて、『忘れ物の帝王』と呼ばれていました」と笑う笹森さん。しかし、当時は相当なストレスを抱えていました。

「忘れ物をすると、すっごく怒られましたからね。当時は先生に叩かれるのも当たり前でした。一番つらかったのは、班対抗で忘れ物をなくす競争をしたときです。私がグループにいる時点で『ああもう負けた、終わりだ』って言われてしまう。競争する前に『忘れ物したらビンタすることにしよう』と言われたのですが、それで忘れ物がなくなるわけではないので、結局廊下の突き当たりで立たされてみんなからビンタされました。なんかもう、情けなくて惨めな気持ちでいっぱいでしたね」（笹森さん）

思うようにいかないのはすべて自分のせいだと、ただ自分を責める日々。

「どうして忘れ物をするのか、という根本的なことがわからなかったから、対処のしようがなかったんですよね。先生も親も、周りのみんなも忘れ物に理由があるなんて思わないので、本人の努力不足という捉え方しかしませんから。当時は、サポートをしてもらえるという発想すらなかったです」（笹森さん）

中高生のころには、イレギュラーな持ち物については、メモをトイレのドアに貼る、カバンの上にのせておくといったことで、なんとか忘れ物を減らそうとしていました。それでも、あまり効果はみられませんでした。

ADHDと主婦業は相性が悪い？

笹森さんは大学を卒業してすぐ結婚し、専業主婦になりました。そうすると学生時代にあった生活の時間割がなくなり、一日をどう過ごしていいかわからなくなってしまいました。

「片付けが苦手なうえに、家事の時間配分ができないんです。何時までにこれをやって、次はこれをやってという段取りができなかった。時間のマネジメントをすべて自分でやらなければいけなくなったときに、何から手をつけたらいいかわからなくなってしまいました」（笹森さん）

あるときこんなことがありました。笹森さんの夫が仕事から帰ってくると、家事に全く手がつけられていない、乱雑な家のなかに笹森さんがぽつんと座っているのです。夫が「今日は何していたの?」と聞いたところ、笹森さんは「座る間もなく忙しく家事をしていた」と答えました。夫は、その言葉と散らかった家の状況があまりにも噛《か》み合わないので、びっくりしてしまったそうです。

笹森さんが27歳のときに長男が、その翌年に次男が誕生したものの、子育てもうまくいきませんでした。

その後、いったん子どもから離れて仕事をしたほうがいいのかもしれないと考え、笹森さんは介護の仕事を始めました。しかし、「適当にやって」「自分で状況判断して」と指示が曖昧な職場で混乱。何もかもがうまくいかず、うつ状態になっていきました。

「家事もできない、仕事もできない、夫婦仲もうまくいかない。子どもにイライラして当たり散らしてしまっていたので、子どもは主人のほうになつくわけです。それを見て、私はいらない存在なんだ、それならいっそ死んだほうがましだ、というところまで追い詰められていました。自尊心なんてかけらもなかったですよ。私はだめな人間で、生きていてごめんなさい、とずっと思っていました。今の私からは想像つかないと思いますけど(笑)」(笹森さん)

33歳のときに、ＡＤＨＤの本を偶然目にしたことをきっかけに、病院で診察を受けた笹森さん。そこで、ＡＤＨＤ、アスペルガー症候群、学習障害と診断されました。「診断を聞いて、すごくほっとしました。それまでは『我慢が足りない』『努力が足りない』と幼稚園のころから言われてきて、ずっと自分を責めてきました。でも、いろいろな質問を受けたり、検査をしたりしているなかで、病院の先生が『これは発達障害の特性だよ。できないことはできない、できることを伸ばして長所に変えていけばいいじゃない』と言ってくれたんです。『それでいいんだ、それでもいいんだ』って思いました」（笹森さん）

これまでも、できることはいろいろありました。でも、それをやっていると「できることに逃げている」と指摘され、周りに苦手を克服するよう仕向けられてきたのです。長所を伸ばすという発想に切り替え、笹森さんに希望がわいてきます。

しかし、次の日には、「障害」と診断されたことが重くのしかかってきました。「当時は、『障害者』という言葉にいいイメージがなくて、障害者としてこれからどう生きていけばいいのだろうと悶々《もんもん》としたんです。でも、ドクターが親の会や当事者の会というものを紹介してくれて、そういう疑問や思いを話せる場所を確保できました。そこで、ちょっとずつ学びながら、いろいろな生き方があって、それぞれできることとできないことがあって、やれることをやっていけばいいと思えるようになっていったんで

す。受け入れていった感じですね」（笹森さん）

「だらしない」と言わないで

笹森さんは、今でも片付けが苦手です。家のなかは物で溢れています。取材中も、積み重ねた書類が雪崩《なだれ》を起こしてバサバサと落ちてきました。

「何から手をつけたらいいかわからないんですよね。しかも、捨てるか捨てないかの判断ができないんです」（笹森さん）

笹森さんは、ごちゃごちゃしている状態を好んでいるわけではありません。なんとかしたいという気持ちは常に持っています。

「外で宿に泊まるとほっとするんですよ。スッキリ片付いてるから。本心では、ごちゃごちゃしているところにはいたくないんです」（笹森さん）

片付けたいという気持ちがありつつも、見えるところに置いていないものは、存在を忘れてしまいます。カバンのなかにしまわれているものなどは意識に上らないため、あるときふとなかを見ると思いもよらない物が入っていることがあります。

「今朝も、小学生の息子のリュックから、先月か先々月の給食係のエプロンと帽子が出てきてびっくりしました。返さないといけないものなのに。私がリュックから体操服を出したときに、目に入らなかったんでしょうね。エプロンは結構大きいんですけど、認識できなかった。こういうことはよくあるんです」（笹森さん）

笹森さんは、発達障害の診断を受けてからは、できない自分を責めずに、自分にできることで対応しようと心がけています。たとえば、自分の服はタンスにしまわず、常に目に見える場所にハンガーで吊るしています。

「畳んだ服をタンスに入れてしまうと見えなくなるから、私にとってはないのと一緒。ならば、と床に置くと、ぐちゃぐちゃになって、もうどうしていいかわからなくなる。それなら、タンスの外に吊っておいたほうが全部見えますし、床に物がある状態にならなくていいんです」（笹森さん）

台所のシンクには、三角コーナーを設けていません。その三角コーナーのゴミを捨てるのを忘れてしまう、ということがわかったからです。笹森さんにとっては料理をするたびに1回ずつゴミ箱に捨てるほうが、実行しやすいのです。

忘れ物は、付箋《ふせん》をスマートフォンの画面に貼る、という方法で防いでいます。「カレーを温め直す」「給食エプロンを洗濯する」といった短期的なやるべきことを、大きな付箋に書いて貼っておくのです。

そのやり方が家族にも広まり、今では息子が「6時20分に起こす」といった笹森さんにして欲しいことを付箋に書いて貼ることもあります。

「何かほかのことをして忘れてしまっても、スマホは必ず見ますから、そのタイミングで思い出せる。以前は、手に書いたり、メモ帳に書いたりしてみたんですが、結局メモを書いたこと自体を忘れてしまっていました。スマホのメモアプリは、画面が暗くなると見えなくなってしまうのでだめでした。常に見えていないと意味がないんです」（笹森さん）

ＡＤＨＤの不注意、忘れっぽいという特性から、同時並行の作業ができません。料理をしながら洗濯をすると、鍋を火にかけていることを忘れてしまいます。そこで、「洗濯は夜寝る前にする」「洗濯機をかけてから干すまでの間は、ほかのことをしない」というように、集中できる環境と時間を確保することで対応しています。

笹森さんは、自分自身が発達障害の特性を理解することで、周りのサポートも得やすくなったといいます。笹森さんの子どもが通っていた保育園の保育士は、持ち物の変更があるときに笹森さん用にメモを書いて渡してくれていたそうです。このように個別に対応してもらうことで、意識を向けやすくなります。メモを書いてもらえば必ず忘れ物がなくなる、というわけではありませんが、忘れなくなる確率は上がるのです。

「どうしてもADHDは、だらしなくてみっともなく見えることが多いんです。実際、当時の学校の机も、今の家のなかもぐちゃぐちゃになっているので、仕方ないんですけど、だらしないと思われてしまうのはつらい。サボってたり、気を抜いてたり、悪気があったりしてこうなっているわけではなく、本人も困っているけれどどうしようもない状態なんだということを理解してもらえると、ありがたいです」（笹森さん）

教科書を音読できない男の子

次は、学習障害（LD）について紹介します。学習障害は、文部科学省では「基本的には全般的な知的発達に遅れはないが、聞く、話す、読む、書く、計算する又は推論する能力のうち特定のものの習得と使用に著しい困難を示す様々な状態を指すものである。学習障害は、その原因として、中枢神経系に何らかの機能障害があると推定されるが、視覚障害、聴覚障害、知的障害、情緒障害などの障害や、環境的な要因が直接の原因となるものではない」と定義しています。

小学生のとき、クラスでこんな場面に遭遇したことはないでしょうか。教室で教科書を音読するように言われている子。一文字ずつたどたどしく発音し、なかなかスムーズに読めません。簡単な文章でもつっかえてしまうので、先生に「うちで読んでこなかったのか？　宿題にしておいただろう」と怒られてしまいます。周りの子たちは、その様子を見てクスクス笑っています。

実はこれ、練習をすれば読めるようになるというものではない場合があったのです。学習障害の一つであるディスレクシア（読み書き障害）の当事者には、国語の教科書はどう映っているのでしょうか。

ディスレクシアの子は、教科書が読めないといっても、文字がゆがんで見えるわけではなく、視覚自体に問題があるということではありません。文字の形は正しく見えていますが、読み方や意味が頭のなかにすぐに浮かんでこないのです。意味が浮かんでこないので単語の切れ目もわかりません。

たとえば「いちばんしまいに（一番終いに）」という文章は「いち」で切れるのか、「いちば」で切れるのか、上から見ていってもなかなかわかりません。読めないことを責められると、周りの目が気になって焦ってしまい、文字がぼやけて感じられるという人もいます。

どうしてこのようなことが起こるのか。通常、人間の脳は目から文字の情報が送られてくると、まず字の形を識別します。そして、頭のなかの辞書と照らし合わせます。たとえば「りんご」という文字を見たときには、まず「りんご」という綴《つづ》りが照合され、次に「ringo」という読み方、そして「赤くて甘酸っぱい果物」というりんごの意味が頭のなかで結びついていきます。こうした作業を経て、目で「りんご」という文字を認識して「りんご」と発音することができるのです。

しかしディスレクシアがあると、最初の綴りの照合に時間がかかり、文字を見てもすぐに発音することができません。

岐阜県の特別支援学校の教員である神山忠《こうやまただし》さん51歳（取材当時）は、小学生のころから文字の読み書きが苦手でした。それが苦痛で、中学では不登校になってしまった経験があります。

「小学2年のとき、道徳か何かの授業で配られたプリントを1時間目に読んで、次の時間に感想文を書くというものがありました。そのとき、自分は45分かけても、4行目の途中までしか読めなかったんです。授業の終わりごろに先生が教室内を回って確認をしていて、私のところで『神山くん、まだそんなところ？』って言ったんです。周囲の友達からは『嘘やろ、俺なんかもう2回目読んどるのに』『お前何やってもだめなやつやな、バカやな』とわーっと責められて、自分は一生懸命集中して読んでたのに、なんでそんなこと言われなきゃいけないんだろうとつらくなりました。このとき、自分は文字を読むのが苦手なんだということに気づいたんです」（神山さん）

音読がある授業では、常に緊張していました。ほかの子が読んでいるときは、どこを読んでいるのか必死で追うものの、始めの30秒くらいで見失ってしまいます。しかし、音読を指名されてしまうと、起立するしかありません。

当てられたときはまず、自分の教科書の前に、周りのみんなが教科書のどこを見ているかを確認します。次に読むところを知りたいからです。自分の前に読んでいた子の最後の音を覚えておき、その音と一致する段落の変わり目の一字下げの部分を探す作業をして、なんとか自分の読むべきところを探します。しかし、そのときにはもう先生から「早く読みなさい！」という声が飛んできます。恥ずかしさや緊張で心臓がバクバクし、とても音読ができるような心理状態ではなかったといいます。

「自分としては、『これ以上どう努力すればいいのか、誰か教えられるものなら教えてよ』という気持ちでしたね。がんばってもできない子と思われるよりは、努力してないからできないんだと思われたほうが気持ちとしては楽で、努力すらしないようになっていきました。努力って、上手になっていく実感が得られたら続けられると思うんですけど、どれだけやっても上達しないのに何時間もかけることはできません。人の倍やればどうにかなるかなと思っていた時期もあったけれど、やればやるほど自尊感情が落ちていったので、やらないという選択で身を守ったんです」（神山さん）

神山さんが小学生のころは、「ディスレクシア」という障害のことは、学校の先生を含め、ほとんど知られていませんでした。神山さん自身もなぜ自分が読めないのかがわからず、配慮や支援をしてもらおうといった考えは浮かびませんでした。とにかく、責めないで欲しい、読み書きができないからといって価値のない人間だというレッテルを貼らないで欲しい、と切実に願う日々でした。

それでも、音読ができない神山さんに対して、「ふざけているんだろう」「怠けているからだ」「こんなこともできないなんて、人間の出来損ないだ」「学校に来るな」といった容赦ない言葉があびせられました。

「今はこんなにひどいことは言われないと思いますが、当時はそういう時代だったんですよね。自分としてはみんなと一緒に学びたいのに、『教室から出て行け』と言われてしまう。それは、つらかったです」（神山さん）

文字が文字だと認識できない

中学生のときは、教科書の単語の間に赤ペンで斜線を入れて、少しでも読みやすくなるよう工夫をしたという神山さん。しかし、先生に「教科書を粗末にするな！」「大事な教科書に落書きをするからできないんだ！　ふざけるな！」と怒られ、読めないのは単なる努力不足だと責められてしまったのです。

神山さんは高校卒業後に入隊した自衛隊で、文字を使わない実技中心の指導を受けるなかで自尊心を取り戻していきます。そして、新隊員の教育係を務めるうちに、自分には人に教えることが向いているのではないかと思い始めました。

成人式のタイミングで、それまでの20年を振り返って今後どう生きるかを考えたとき、頭に浮かんだのは音読でつらい思いをしていた小学校時代のことでした。こんな苦しい思いをする子どもは、自分で最後になって欲しい。そう思った神山さんは、教師になることを決意。夜間の短大に通い、教員免許を取得しました。

神山さんが通った夜間短大では、学生の年齢層にも幅があり、昼間の仕事もさまざまで多様なクラスメイトで構成されていました。そんな学生たちが学ぶ場では黒板をカメラで撮影することや、講義を録音することが許される「合理的配慮」がなされていたため、とても助かったといいます。

免許取得後は、中学校の技術の教師として赴任しました。その後、特別支援学級の担当となり、現在は特別支援学校に勤務しています。

これまで担当した生徒のなかで、ディスレクシアの子は少なくとも5人いました。そういう生徒を担当したときは、自分のやり方を基本として、その子に合うかたちにカスタマイズして読み書きを教えるようにしてきました。

一つ気をつけているのは、原因探しをしないことです。読めない原因を探ると、「自分がだめだから」とか「親や先生のせい」という方向に気持ちが向かいやすくなるからです。そうではなく、症状は症状として受け入れて、そのうえでどうしたら生きやすくなるのかを一緒に模索していきます。

ディスレクシアではない人は文字の連なりを見ると、それが文章であることが瞬時にわかります。しかし神山さんは、文字を見たときにまず、「これは図か？　いや、図じゃない、字だ」と認識し、さらに縦書きか横書きかを確認。それからやっと、なんと書いてあるのかを読み始めます。そのため、駅名の標示板やお店のメニュー看板などをパッと読むことができず、苦労しています。

フォントによっては、漢字が文字に見えず、地図だと思ってしまうことがあります。つまり、文字を文字としてうまく認識できないのです。特に明朝体でそれが起こりがちです。逆にメイリオ（ゴシック体の一種）などのフォントは読みやすく感じるそうです。

では、神山さんが文字を読んでいるとき、頭のなかではどういうことが起こっているのでしょうか。神山さんにとっては、文字は第一言語ではないといいます。むしろ、図形やイラストが第一言語だと自覚しているそうです。

たとえば、「ringo」という音を聞いて頭に浮かぶのは、「りんご」という文字ではなく、りんごのイラストや写真、匂い、味などです。

「願書」という文字を見たら、まず「ガンショ」という音が響くのではなく、顔写真が貼ってある書類のイメージがパッと浮かびます。「学校」と見たら校舎や教室、生徒などのイメージ、「出願」とあったら提出する行動のイメージ……と、イメージをつなぎ合わせて意味を理解していくのです。そのためか、図を描くのは得意で、図工はよくできたそうです。

また、文字を見て単語や意味のまとまりをパッと認識できないため、小学校で先生が黒板に「たいことばちをもってきて（太鼓とバチを持ってきて）」と書いたときは、「鯛・言葉・血（たい・ことば・ち）を持ってきて」だと認識してしまったことがあります。

「どこまでが意味のあるまとまりかを見つけるのが難しいんです。また、見つけたものが自分の持っている語彙《ごい》のどれと一緒なのかを、マッチングさせていく作業がしんどいです。文字を読むこと自体がストレスなので、続けていると視界がぼやけてきます。見えているんだけど、見たくないという心理状態。それを我慢していると、苦しくなって

きます」（神山さん）

読むための努力を重ねて

今では、文字と音の組み合わせは語彙として頭のなかに蓄積されています。「願書」という文字を見れば、「ガンショ」と読めばいいことはわかります。しかし、意味の理解と音声化は全く別の作業となるため、同時におこなうことはできません。

普段は、音声化するよりも意味を理解するほうが重要な場面が多いので、意味の理解を優先させています。そして、そのあと音声化する必要があれば、字と音を頭のなかでマッチングしていきます。

こうした二重の作業をすることも含めて、神山さんにとって文章を読むことは、かなりの労力を費やす作業です。全神経を注ぎ、持っている能力をフル活用して処理しないといけません。書類の処理が何枚も続くと、疲れ果てて休憩を取らないと続けられなくなります。

自分の障害を認識してからは、読むための工夫を考案してきました。その一つが、横書きの文章に対し、読んでいるところをわかりやすくする色付き定規です。安価で手に入りやすい定規で、上から、緑、透明、赤の順に横ラインが入っています。上下の行を色で隠しながら、透明の部分だけが目に入るようにするのです。そうすると、見るべきところに集中することができ、どこまで読んだかがわかりやすくなります。

文字列に定規を当てながら、さらに両手の人差し指で単語や意味のまとまりを区切ります。その下準備をしてから、頭のなかの語彙と照らし合わせて読んでいきます。そうして、文字列から情報を汲《く》み取っていくのです。


何度も読み返す必要がある仕事上の文書は、意味のまとまりに印をつけておきます。そうすると、2回目以降はいちいち指で左右を隠さなくてもよくなるからです。それでも、行を読み飛ばしてしまうことはあるため、色付き定規や別の紙を当てて、ほかの行を隠す工夫は必要になります。

パソコン上の文章は、意味の切れ目に自動でスペースを入れることができる文書変換ソフトを使うこともあります。これはもともと、外国人が日本語を勉強する際に使うソフトです。これを使えば、分かち書きが自動でできます。

説明会などで、文章を音読しなければいけないときは、音声読み上げソフトを使用します。

「音を耳から入れて、この字面の集まりはこの音、(ア)とあるところはこの音、という感じで覚えてしまうんです。それを繰り返し、さも文字を見ながら読めているかのように準備していく。読み上げ音声は、キーワードを聞き取って、それをイメージ化するために使っているので、一字一句聞き取っているわけではありません。読み上げソフトは結構速いスピードで聞いています」（神山さん）

会議の資料はすべて読み上げソフトにかけ、MP3の形式で保存します。それをスマートフォンや車のオーディオで聞き、本番に備えるのです。

対応できると、自分を受け入れられる

いくら工夫していても、困る場面は出てきます。たとえば、役所での手続きではその場で記入用紙を読み、書かなければいけないことがあります。それは、神山さんにとって難度が高い行為です。担当者が目の前で記入するのを待っていると思うと、緊張して余計に読めなくなってしまいます。

また、書くことも苦手で、書き順を間違えたり、鏡文字を書いてしまうこともしばしばあります。そのため、できるならば用紙を持ち帰って、家で読み解いてから記入するようにしています。

「どうしてもその場で書かなければいけないときは、『老眼鏡を忘れたので読み上げてもらえませんか』とお願いします。ディスレクシアと言ってもわかってもらえませんか

らね。だから、読み上げを頼みやすい雰囲気の窓口だとありがたいです」（神山さん）
発達障害の特性で困っていることを、人にどう伝えるか。スタジオゲストの綾屋さんは、「私は発達障害なので……」という言い方はしないようにしているといいます。そうではなく、「聞き取りにくいので、メモを取ってもいいですか？」といったように、全人格的な問題だと誤解されそうな表現ではなく部分的な問題として伝えるように心がけています。そのほうが、相手も配慮がしやすいのです。
神山さんは今でも読み書きの苦労を抱えていますが、精神的には楽になったといいます。
「大人になってからは、文章の意味を汲み取るための作戦、音声化するための作戦、その場をやり過ごす作戦などいろいろ身につけてきたので、大きな失敗や恥ずかしい思いをすることはなくなりました。やはり、音読などが授業で課される学齢期がつらかった。学齢期にディスレクシアにうまく対応できる環境が整うことで、生きやすさが増す子どもが増えると思います」（神山さん）
学習障害があっても、周囲の理解と環境によって自己肯定感は変わってきます。神山さんは、自分の得意なことがわかったときや苦手なことでも「作戦」によって対応できる感覚がつかめたときに、自分を受け入れられるようになりました。

「劣っているから助けて、配慮して、というだけでは自分を否定する気持ちが強くなってしまう。自分はこれが得意、という自覚が持てれば、自分はこういったものでみんなに貢献することができるという自信につながります」（神山さん）

「貢献できること」は実益的な技能ではなく、趣味の活動だっていいのです。今、神山さんは特別支援学校に勤務するなかで、生徒にも自分の得意なことを再認識してもらえるような声かけをしています。

学習障害は、ディスレクシア（読み書き障害）以外にも、数字を扱うのが苦手なディスカリキュリア（算数障害）などがあります。

スタジオゲストの綾屋さんは、英文を読むことに困難を覚えるといいます。アルファベットの縦線だけが強調されてチカチカし、自分がどこまで読んだのかわからなくなってしまうのです。目がエラーを起こしたようになり、ムカデの足が動いているように見えたり、バーコードのように見えたりもします。

気づいたのは高校時代。英語の教科書を見ていたら、突然この症状が現れ、目を開けていられなくなるほどでした。今でも文字がチラつくことは変わらないものの、音が先に思い浮かべば意味にたどり着けるため、なんとか読めるようになりました。

ＡＤＨＤのケースで登場した笹森理絵さんは、算数の学習障害があります。小学2年生で2桁の計算が出てきて以来、一気にわからなくなってしまいました。問題に対して「何算」をしていいのかわからず、2桁であっても計算の桁を間違えてしまいます。単位を置き換えることもできません。

レシピの分量計算ができなかったり、デジタル時計で時間がわからなかったりと、日常生活のなかでもさまざまな困難があります。銀行の振込で「振込手数料を引いてください」と指示されるとどうしていいかわからなくなります。

それでも、算数の学習障害だとわかってすっきりしたといいます。堂々と電卓を使ったり、人に頼んだりできるようになったからです。今は家計の計算は夫に一任しています。

コラム②

苦手なこととの向き合い方

　番組の取材で多くの当事者とお会いしましたが、その過程で、前向きに生きている方には共通点があることに気がつきました。それは、自分は何が苦手で何ができないのかよく知っていること、そしてその苦手なことに対して自分なりの対処法を持っていることです。

　たとえば、40代のADHDの女性、Hさん。娘2人を育てるシングルマザーです。Hさんは片付けが苦手で、それが離婚の原因になったほどでした。片付けすらできない自分に生きる価値はないと思い詰めたこともありましたが、自分なりの方法を編み出してからは落ち込むことはなくなりました。その方法とは、「大事な場所だけはちゃんと片付けるけど、それ以外は気にしない」という考え方です。彼女にとって大事な場所は子どもたちと食事や会話をするリビングのテーブル。そこだけはいつもきれいにすると決めているのです。その代わり自分の部屋は服や書類が散乱していて、とても片付いているとは言えませんが、「これが自分にとっていい状態」なのだと言います。

もう一人、30代の女性、Nさん。ADHDでひどい忘れ物に悩んできましたが、独自の対処法を持っています。それは外出時にいつも持ち歩く大きなトートバッグ。大きいバッグを使うのはどんなものでも入るため、いつも同じバッグを使うのはバッグを替えると必ず何かをなくしてしまうためです。バッグ自体にもひと工夫あります。両端にダブルクリップを結んだヒモを用意し、片方のクリップはカバンに、もう片方は財布や鍵など大事なものにつけるのです。ヒモを引っ張ればカバンのなかからすぐに財布などを取り出せ、外に置き忘れる心配もありません。

Nさんにも気分によってバッグを替えたいという思いはもちろんあります。しかし、彼女にとってそれより大事なのは物をなくさないことなのです。

学習障害の人たちは、自分の特性に合った適切な職場選びをしていました。学校でものづくりを教えるなど、字を読むのが苦手なことが不利にならなかったり、得意なことでカバーできたりする環境を職場として選んでいました。これも自分は何が苦手なのかをよく知っているからこそできることです。
Hさんも Nさんも、「がんばっても普通の人のようにはできない」ことを思い知り、絶望した経験があるといいます。そこから「できることは何かを見極め、それをがんばる」ということを突き詰め、独自の対処法にたどり着きました。発達障害当事者の自己認識力の高さは、彼らが感じてきた生きづらさと向き合い続けた証と言えるのかもしれません。

（NHKディレクター　勝目卓）

3

二次障害のこわさ

発達障害が引き起こす、さらなる困難

会話がうまく噛み合わなかったり、片付けるのが苦手だったり、教科書がスムーズに読めなかったり、という発達障害の特性。これらが問題になるかどうかは、どのくらい程度が大きく、どのくらい生活に支障をきたしているのかによります。

スタジオゲストの医師の本田さんは、「周りが発達障害の特性のある人を全面的に受け入れるような環境であれば、発達障害であってもそんなに困らない場合もあります。たとえば、音読が苦手だったとしても、仕事によるかもしれませんが、日常生活で文章を声に出して読み上げなければならない機会はそこまで多くありませんよね。なので、音読ができないことをそれほど気にしない人たちに囲まれていれば、その人はそこまで悩まずに済むかもしれないのです」と解説します。

また、対人関係が苦手だったとしても、一人で完結するような作業であったり、人付き合いがそれほど必要でない職場であったりすれば、問題なく働ける場合もあるでしょう。しかし飲み会や行事が頻繁にあり、休み時間も会話の輪に入ることを求められるようだと、自閉スペクトラム症の人にとってはつらい環境になります。本人の特性と環境がマッチしているか否か、が大きな分かれ道になります。

周りの環境が発達障害の特性に厳しい場合、さらなる問題が現れます。「二次障害」です。周囲との関係で起こるストレスが、うつや不安障害、強迫性障害、統合失調症、双極性障害（躁《そう》うつ病）などの精神疾患を引き起こすことがあるのです。また発達障害のある子どもが、周囲との関係づくりに悩み、不登校やひきこもりになってしまうこともあります。イギリスのある調査では、自閉スペクトラム症の人の最大70％がうつになっているという結果も出ています。番組にも、「二次障害になってしまった」「二次障害にならないか心配」という当事者や、発達障害の子どもを持つ保護者からの切実な声が寄せられました。

「私は、20歳のときに、広汎性発達障害と診断されました。同級生から、『変わり者』と評価されることが多くなり、自分自身では、どこが他人と違うのか、全くわかりませんでした。現在も、よく人から変わり者と言われます。**10代から、人間関係のストレスにより、精神科にお世話になっています**」（大阪府20代）

「ＡＤＨＤの大学生です。私の困りごとは、障害があると周囲に思われないことです。手伝ってくれたら助かることや、控えたほうがいいことが私にはあります。それは障害とうまく付き合うためです。しかし、ＡＤＨＤの特性上、私に障害があるということがなかなか伝わりません。私のわがままや弱気などといった意志の問題に結びつけられてしまいます。それがこわく、**過剰に我慢したり一人でやりきろうとしたりしたところ、二次障害のうつ病になりそうでした。**顔では笑っていても心では泣いています。意志の問題ではない、ということだけでも覚えていただきたいです」（東京都20代）

「発達障害の娘を持つ母親です。４月に中学校に入学したばかりの娘が、今朝こんなことを言いました。美術の授業でスニーカーの絵を描いているけど、奥行きがわからなかったり絵が大きくなり過ぎてしまったり、逆に小さく描き過ぎてしまって、美術の教科担任の先生から、よく見て描きなさいと何度も消されてしまう……と。娘は空間認知力が弱くて、定型発達の人に見えているものと全く違う見え方をしているんだと思います。（中略）**娘の自尊心がどんどん下がることで二次障害につながりやすくなるので、家庭**

でも話しやすい環境をつくらなければと思っています」（長野県40代）

「自閉スペクトラム症とADHDの子どもがいます。特性から、しゃべり続ける、集中していると人の話が聞こえない、常に動いていたい、さっき注意されたばかりのことを忘れてしまう……など自分でも制御できないことが多々あります。発達障害の診断が下りていることを伝えてあるにもかかわらず、『何回注意すれば……』『じっとしなさい』などと、同居の祖父母からいつも叱られてしまいます。祖母は『普通に育てればいい』と言いますが、自分でも制御できないのに、普通にさせようとすることが本人にはひどく苦痛であることがわかってもらえません。堅い人であるため、『昔は……』『私が子育てしたときは……』が、通用しない時代であることもわかってもらえず、**発達障害についても理解しようとせず、母親である私の意見も聞き入れてもらえず、息子が二次障害を起こさないかが心配です**」（愛知県30代）

「私はADHDと診断されました。縫製工場に勤めていましたが常に他人の仕事速度と比べられ、同じ速度で仕事をしてみても5分で疲れて座り込んでしまいます。また臨機応変さが必要な仕事にもパニックになり、疲れて身体が動かなくなりました。ちょっとしたコミュニケーションもとても疲れます。**疲労感といじめに耐えられず、うつになり**

退社しました。実際の軽い運動には疲労感がありません。発達障害だから不器用で疲れやすい、と伝えても甘えと言い訳だと言われます。だったらどういう努力をすれば人並みになれるのか、教えてください」（青森県30代）

どんな職場でも浮いてしまう

ここで、二次障害で悩むある女性のケースを紹介します。自閉スペクトラム症のリラさん（30代・仮名）。9年前には双極性障害（躁うつ病）という診断も受けました。取材した当時は、安定した仕事に就いておらず、就労や生活の相談のために精神科デイケアに通いながら社会参加を求めていました。リラさんは、自分の障害についてまだ、うまく受け入れられていない部分があります。

リラさんを躁うつ病という二次障害に追い込んだのは、職場に適応できないというストレス。これまでいくつもの仕事を転々とし、どれも数日から数ヶ月しか続きませんでした。食品工場に勤めたときは、工場内の騒音や塩素などの臭いがつらいと感じていましたが、なかなか言い出せずに結局辞めざるを得ませんでした。事務の仕事自体は合っていたのですが、日常の何気ない会話が苦手で、人間関係がうまく築けませんでした。

周りとの差を感じたり、「もう辞めてくれないかな」という雰囲気を感じると、そこにはいられないという気持ちでいっぱいになってしまいます。

職場の人間関係を築くうえで必要となる、何気ない雑談などのコミュニケーション。リラさんは会話がうまくいかないと、頭が混乱してその場で固まってしまいます。空気を読んで、周りに合わせることに集中するあまり、あとから倒れ込みそうなほど疲れてしまうこともあります。

「それでも、傍から見れば全然適応できていないように映るんだろうなと思います。どうがんばっても浮いてしまう。でも、どうすれば浮かないようにできるかもわからなくて……」（リラさん）

人の輪から「浮いてしまう」ということについて、リラさんはこのように感じています。

「どの集団においても、なんか最下層にいるっていうか、変に悪目立ちしちゃうとか、周りについていけなかったりとか、テンポがずれてたりとか、理解力が十分じゃなかったりとか、挙げればきりがないほど要因はいっぱいあります。会話に詰まってしまって、卓球のラリーが続かないみたいな感じ。打ってもらって終わりで、こちらが話題を広げ

たりするのがうまくできません」（リラさん）

リラさんにとっては、仕事自体よりも休憩時間に会話の輪に入ることや、雰囲気を壊さずその場に溶け込むことのほうが重労働なのです。

今後は、周りとのコミュニケーションがあまりいらず、手順が明確に決まっているなど、自分に合った環境や仕事内容を優先して、就職先を決めていこうとしています。

そして、どれだけつまずいても、働くことは諦めたくないと考えています。

「今の私は社会の何の役にも立ってなくて、存在自体が迷惑なんじゃないかとか、そういうところまで考えちゃいます。趣味の延長とかじゃなくて、人の役に立つ意味のある仕事がしたいんです。何の意味があるのかが明確なことがしたい。そうじゃないと、何のためにここにいるんだろうと、もやっとしてしまいます」（リラさん）

〝普通〟になりたい

リラさんの話や、気持ちを書き出したノートには、〝普通〟に対する渇望が溢れています。

「普通の人はもっとがんばってるから、私ももっとがんばらなければいけないと思います」

「普通というものになりきれてないから、話についていけないのかなって。普通と言われる人の価値観を理解できていないのが問題なのかな」

「『これが普通ってものだから、これに従ってください』という型があれば、その通りにやればいいからすごく楽だろうなって。でも、〝普通〟ってみんなよく言うけど、普通っていう型があるわけじゃないから、どうすればいいかわからない。これが普通っぽい気がする、あれも普通っぽい気がする、とごちゃごちゃして混乱してしまいます。結局、情報収集ばかりして何もできていない」


リラさんの考える〝普通〟は「社会適応ができている人」というイメージです。その適応範囲は、服装などの外見から、知識、経験、コミュニケーション能力、体力まで多岐にわたります。

自分以外の人はその適応ができているけれど、自分はできていない。それは努力が足りないからだ、と自分を責める気持ちがわいてきます。

「自分は〝普通〟というものになれていないから、なんとかして〝普通〟に近づかなきゃいけない。でも、近づこうとしても、近づけないという葛藤があります。何が普通なのかはっきりわからないけれど、とにかく普通を目指さなきゃいけない。とりあえずその場で思いついた普通を目指さなきゃというふうに焦ってしまうんです」（リラさん）

社会から求められる普通。就職で求められる人材像から自分がかけ離れているという気持ちが募り、「どれだけ努力しても意味がないのではないか」と諦めそうになったこともあります。それでもリラさんは、少しずつ前に進もうとしています。

「今の私に備わっているものはなんだろうとか、今の私に備わっているもので何ができるだろう、もっと言えば何に貢献できるんだろうとか。大したことはできないけど、ちょっとでも役に立てたらいいなとか。ちょっと傲慢ですけど、そう思ったりもします」

（リラさん）


リラさんのデイケアの面談担当者は、リラさんの〝普通〟に対する気持ちについてこう語ります。

「彼女が無理をして普通に合わせていくと、発達障害の人の普通ではなくなるところがあると思います。でも、彼女が普通になって社会に合わせていきたいと思っているんだったら、それを否定する必要はありません。その気持ちを応援し、お手伝いすることが大事だと思っています」

発達障害「あるある」を共有する

リラさんは、自分と同じく発達障害のある、20代から40代の女性が集まる会に参加しています。主催者の家で、リラックスした雰囲気のなか、最近あった良いことや気になることなどを共有するのです。参加者の多くは、自閉スペクトラム症で、感覚過敏などもあります。そしてみんな、うつ病などの二次障害を経験しています。発達障害の当事者同士、7人の女子会の様子を、少し覗いてみましょう。

たとえば、当事者同士だからこそ共有できる「仕事で困ること」といったテーマは、「あるある」話がどんどん出てきます。

A「とある仕事場で、席が固定じゃなかったのね。毎回行くたびに違う席に座ってて、それがすごくしんどくてしんどくて。でもみんな大丈夫そうな顔してるから、気にしてるの私だけ？　とか思って。結局、固定の席にしてもらったんだけど。しんどいよね、そういうことがね」

B「同じ場所とか布団とかは、自分の巣だから。同じ場所で、ここは自分の場所と決めて、しんどいながらも、自分のやりやすいように工夫するじゃない。パニックになっても左の棚を開けたら薬が入ってるから大丈夫とか、把握してるから対処できる。でも、いつも違う席だとゼロからスタートだから……」

C「セッティングからやり直しみたいな感じになっちゃうよね」

A「私は、決まりごとが守られてないと、すごく自分のなかでモヤモヤして、その会社で働いてるのがすごく苦しくなってしまう。たとえば、労働基準法が守られてないとか」

一同「ああーー!!」

A「私、杓子定規なところがあって、曖昧なことがすごく苦手なのね。だから、労基法とか決まりごとが守られてないと、本当にここで働いてていいのかしらって、すごい悩んじゃって。それで病んでしまって仕事辞めちゃったりとかすごく多かった」

リラ「私は、仕事をするうえで、これをやらなきゃいけないというガイドもそうだけど、これはやっちゃいけないというガイドもはっきりさせて欲しいんだよね。『ちゃんとやりなさい』って言われても、私は何ができていなくて、どこがだめなのか教えてもらったことが一度もなくて」

B「『ちゃんと』って曖昧だよね」

C「あと、仕事ってその人のやり方、みたいなのもあるから、ある先輩はこういうふうに言ってたけど、次の日、別の先輩から違うことを言われて……となると、結局誰に合

リラさんが参加している発達障害のある女性たちが集まる会の様子。
[「発達障害　解明される未知の世界」(2017年5月21日放送) より]

わせればいいんだろう、と思う」
一同「ああ……」
D「あとさ、仕事のなかで、できないことを性格の問題にされるのがつらいよね。好きか嫌いかで、『電話取るの嫌いなんだよね？』とか言われちゃう。いや、嫌いとかじゃなくて、突然のことに対処できなくて、頭が真っ白になって最初の言葉が出てこないんです、と。がんばってもできないから誰かにお願いしたいのに、単に嫌いだからやらないと思われるのがつらい」
リラ「『めんどくさいから取らないだけだろう』と思われることもあるよね。本当にできないのに……」
E「こだわりとかって、自分のなかのルーティンが崩れることへの不安があるから持っているものなんだけど、それを単に自分がやりたいから決めたことだと思われちゃって」
D「それが崩れたら、私たちはその先の仕事ができなくなっちゃうんだよね」
E「『自分で決めたことは、会社のなかではいったん捨ててみんなに合わせようね』とか言われてしまう。自分の障害特性でどうしてもこうなってしまう、自分で望んでこうなったわけではないというのが伝わらないんだよね……」
一同「あるね、あるね～」

F「私は、職場で周りから聞こえてくる雑談が、仕事の話なのか冗談なのか、境界線がわからないときがあって」
一同「あぁ、それ困るよね……」

次のテーマは「疲れやすさ」。視覚過敏や聴覚過敏によって受け取ったたくさんの刺激を処理し、適切な情報を選び取らなければいけないことから、発達障害の人は定型発達の人よりも疲れやすいことがあります。外から見ると通常と変わらないように見えても、脳はめまぐるしく動いている。それによって、当たり前の日常生活を送ることだけでも、相当な負荷がかかっているのです。しかし、それを周りに理解してもらうのは難しいようです。

リラ「私の場合、倒れるわけでもないし、意識失うわけでもないし、誰が見ても元気に見えるから、大丈夫だと思われてしまう。本当は頭痛いし、目もチカチカするし、ふらふらしてるんだけど。疲れてるって言うと、いつも『疲れてるんじゃなくて、ただ怠けてるだけでしょ』とか、言われちゃって……」
A「私は疲れやすそうに見えないように気をつけてたら、具合悪いのに周りの人からは元気だって思われて。『ちょっとすみません……具合が悪いです』って勇気出して言ったら、『いや、全然大丈夫でしょ』って対応されて、どうしたらいいのと途方に暮れてしまった」
E「力を振り絞って、死ぬ気で区役所とか市役所まで行ってるのに、『窓口まで自分で来れてるんだから大丈夫！』って言われちゃうとかね……」
C「それ、言われる‼」
リラ「ちゃんとしゃべれてるから大丈夫、とか言われちゃう。それこそ見えない障害なんだよね」
E「そうそう。実は120％の力を振り絞っていて、帰ったらこのあと3日寝込むのが確実なのを、覚悟して来てる、っていうのをわかってもらえない」
リラ「寝込むのも、ただの怠け病だって言われるし……」
C「『あなたよりもっと大変な人はいるよね』的な感じで終わっちゃう。どこに行ってもね」
リラ「だから私は人前ではぐったりした顔を見せられないんだよね。それで余計に平気だと思われちゃったりして……」
D「なんか、ぐったりしてるところを見せちゃうと、逆に話しかけられるのが嫌じゃない？　『大丈夫？』って聞かれるけど、その声かけがつらいんです、ごめんなさい、みたいな」

E「あと、人と外出したときに疲れてるのを表に出すと、『具合悪いんだったら無理して来なくてよかったのに』とか言われる。でも、無理しないと、私たちは外に出られる日がなくなっちゃうんだよね」

リラ「そう、『体調良いときにまたね』って言われても、体調良いときがないんだよね」

B「人に『いつでも具合悪いよね』って言われるんだけど、でも、具合悪いところが人より多いのがもう自分というものだからなあ」

E「そうなると、具合悪くなることを前提に出かけるしかないんだけど、それをなかなか理解してもらえないことが多くて。『体調は自己管理すべきでしょう』とか言われてしまう」

D「普段の生活は、具合悪くなることを織り込み済みで調整してるから、そこを誰かに妨害されると『待って、私の安全弁が……！』とあたふたしてしまう。それをこだわりという言葉で片付けられたりすると、いや、それを私から引き離されると超まずいんです、って思うことが結構あるよね」

リラ「本で見たんだけど、デートコースで、まず映画見に行って、ウィンドウショッピングして、そのあとカフェに行って、そのあとディナー食べて……というのがあって。え、定型（発達）の人ってこんなにあっちこっち行けるの！　と思った。こんなことして、倒れないの？　って。映画1本見て、はい終わり、じゃないんだね」

E「映画のあとは、誰もお客さんがいない、いい感じにさびれたカフェで語り合って終わりたいよね（笑）」

C「（定型発達の人とは）バイタリティが違うんだよ。前に学生時代の友人と、もつ鍋屋で食べつつお酒とか飲んだあと、『これからどうする？』『じゃあ、喫茶店に行こうよ』って展開になったの。すごいよね。みんな、もつ鍋でおなかいっぱいじゃないんだ、と」

リラ「それが普通なんだ……」

B「この間、自閉症啓発デーのイベントでAさんと一緒にがんばったんだけど、そのときは疲れを感じてなかったんだよね。でも、そのあとふたりとも盛大に体調崩しちゃった。その当日はすごくがんばれるんだよね。楽しさとか高揚感とか、いつもやっていないことにチャレンジしてるぞという気持ちとかで。でも、音はたくさん聞こえるし、まぶしくてもサングラスできないし、人がいっぱい来るからいつもより会話量多いし、物を売って計算もしないといけないし。もうキャパシティがいっぱいいっぱいだった」

リラ「周りからは当日のできてる部分しか見えなくて、そのあと寝込んでるなんてわからないから、『できる』っていうふうに受け取られちゃうよね」

〝普通〟が正しいわけではない

そして、「普通とは何か」というテーマ。リラさんを悩ませる〝普通〟の圧力は、当事者会のみんなも感じているものです。

B「普通っていうのは、世間的には多数派の意見のことを言うんじゃないかな。そういう多数派の意見をたくさん持っている人が、普通の人。でも、私たちはその多数派の意見をあまり持っていないから、それに合わせるのが難しいって理解してる」

リラ「人は〝普通教〟を信仰してるんじゃないかと思ってる。私もそうなんだけど。私にとって、普通に合わせるのは難しいことだけど、『ずれてるって自覚してるなら、その差を埋める努力をしろよ』ってことなのかなと思ってる」

D「同調圧力として『これが普通でしょ』と押しつけるときに使われてるのが、〝普通〟って言葉かな。だから、状況によって普通は違うし、普通だからいいってことでもなくて。普通じゃなくてイレギュラーなことでも、みんなが心のなかで『おお、それはナイス』と思ってることもあると思う」

リラ「一方で、場合によっては私、周りが『こうだよ』って言ったら、『そうだね』ってついつい同調しちゃうところがあるんだよね」

E「それって、本当に同意してるんじゃないんだよね。自閉っ子はよくわかっていないまま、とりあえず答えちゃうというパターンもある。言われたことを理解できていないうちに、『早く答えないと』と焦って、とりあえず『はい』って言っちゃうとか」

B「そう。よく自閉スペクトラム症の例で使われる、ボールが飛んできて、『大丈夫?』って言われて、『飛んできた』とか言っちゃう現象に似てるよね。ボールが飛んできたことにまずびっくりして、『大丈夫?』って言われたことにもびっくりして、とりあえずそのまま返事しちゃう。『大丈夫?』『はい』って」

D「そういうときは、大丈夫じゃなくても『はい』って言っちゃうよね」

A「リラちゃんはさ、料理ができて、体重が何キロで……みたいなのを目指して『普通になりたい』って言うじゃない」

リラ「そうだね。オフィスで楽な格好をしたり、室内履きに履き替えたりするのはだらしないとか、そういうことを書いてある本を見たことがあって。そういうのは〝普通〟じゃないからやらないようにしないと、と思ってる。そういうところから、普通を学ぼうとしてるんだけど、結局よくわからないんだよね」

B「女子力みたいなものに憧れてるのかな?」

リラ「あ、それはあると思う……」

A「そういう『女子としてちゃんとしてる』みたいなのは、私にとっての普通じゃないんだよね。私にとっては普通って、人によって違うものってインプットされてるんだけど、どうかな」

B「『普通はこうするものでしょう』みたいなことを言われたときは、『この人のなかにはこういう考え方があるんだな』と受け取ったほうが、精神的に楽だよね」

リラ「『あなたはそう思ってるのね』と受け取るということね」

E「差を認識したうえで、理解し合う、譲歩し合うっていうのが理想なのかな、と思ってる」

B「私たちは少数派で、多数派の人たちの気持ちがわからないけど、きっとあっちの人もこっちの気持ちがわからないんだよね。わからないから困ることもある。でも、歳を重ねていくと、『それがあなたの普通なの？　私はこう思ってるよ』というディスカッションができるようになっていくから、いいなと思う。どうしてもここでしゃべってると、少数派の意見で盛り上がれるから、ちょっと多数派のことを悪者みたいに言っちゃうときもあるけど、いろんな人がいるのがおもしろいよね、ということを話していきたいな」

番組のスタジオ出演者同士でも、「普通とは何か」というテーマで議論しました。視聴者から届いたファクスが、発達障害の人にとっての〝普通〟の難しさをよく表しています。

「よく聞く『普通、わかるだろ』という言葉がとても苦手で、こわいです。普通ってなんですか? 普通を理由にする人にそう聞き返しても、『普通は普通だ』と言って根拠を示してくれません。**見えない〝普通〟におびえて心がどんどん萎縮してしまいます」**

（神奈川県30代）

綾屋さんは、「普通のふり」で毎日へとへとになってしまっていた、という過去について話しました。

「自分の身体が周囲の規範と合わない、普通ではない、とずっと思ってきました。でも、それがなぜなのかわからず、とりあえず『普通のふり』をしてやり過ごそうとしていました。普通の頷《うなず》きや普通のジェスチャー、普通の目線はこういうものだ、というふうに行動の指令を出している自分。そして、『これで大丈夫かな?』とチェックしている俯《ふ》瞰《かん》の自分がいて、二重でずっと普通に見えるよう調整し続けていたんです。そのときは、本当に大変でした」（綾屋さん）

綾屋さんは著書で「もし私が『私のフツー』で振る舞ってしまうと、次々にやってくる情報刺激に圧倒され、きょろきょろと辺りを見回し、耳を塞ぎ、ときどきモノと対話してにこっと笑い、突然の風や音にビクッとして親しい人にしがみついたり、不安で歌うように『ふ〜』『う〜っ』と声を出したり、怯えに耐え切れず落ち着くために手首をあぐあぐ噛んだり、言葉がたどたどしくうまく文法どおりに話せなかったりといった表出になる」と書いていています。

しかし、それをそのままやってしまうと奇異の目を向けられてしまいます。そこで、「私はコミュニケーションが成立する人間ですよ」と人に安心してもらえるような振る舞いを意識して行動することになるのです。綾屋さんにとって「まとも」に見えるように振る舞うことは不自然なことであり、周囲から社交を強《し》いられているという暴力性を感じるといいます。

栗原さんは、「少数派は排除されてしまう」ということに何年も悩んでいたそうです。「学生時代から、自分が普通ではないということはわかっていました。先生や同級生と話していて、自分の意見を言うと、『あなたの意見は少数派だ。受け入れられない』と拒絶されてしまうことも多かった。自分しか主張していないような小さい意見は、大多数の人には理解してもらえないんだなと」（栗原さん）

そんなときは、自分自身が心から信頼できる人に思いを打ち明け、アドバイスをもらうことで精神を安定させていたといいます。

医師の本田さんは、「多数派の人というのは、自分たちが持っている価値観を少し優位に見てしまうところがあります。自分たちが苦もなくできることをできない人がいて、それが少数派だった場合に、上から目線な物言いになってしまいがち。それで傷ついてしまう発達障害の人はいると思います」と解説しました。

しかし、リラさんが参加する当事者会でも話題に出ていたように、多数派や普通と言われることが絶対的に正しいというわけではありません。綾屋さんは、多数派と少数派でコミュニケーションのルールが違うだけなんだと思えるようになり、楽になったといいます。

「今は、身体（の感覚）が違うんだから、ルールも違うんだと考えています。今回のスタジオのように、『相手の顔を見ないで話すのが普通』というふうにルールを変えたら、私たちの障害は、『目を見て話せない』という問題に関してはなくなるわけです。こうしたかたちで、多数派とは違うルールを主張していく、ということも一つの方法なのではないかと思います」（綾屋さん）

本田さんは、発達障害の子どもを育てる親が「うちの子に、なんとか普通にして欲しい」と思うと、二次障害が起きがちであると指摘します。発達障害の特性を受け入れ、子どものペースで無理なくやらせようとするほうが、社会に適応しやすくなるのです。

思春期までに、自分の好きなことや得意なことで認められる経験ができるかどうかが、二次障害を防ぐための大きな鍵となってきます。

発達障害の当事者同士で集まることの意義

当事者会ではたくさん発言し、みんなを笑わせたりもするリラさん。その様子を見ていると、とても職場の会話の輪に入れない、というふうには見えません。その理由を、リラさんは「ここは安全が保障されているから」と語ります。

リラ「ここだと自分というものを出せる。ありのままの自分でいられる。『わ〜』とか『きゃー』とか言っても、全然ＯＫだから」

Ｂ「ここの人たちは『変だ』って言わないもんね」

Ｄ「主催者としては、みんなが環境的にストレスを抱えにくいように、ということは一応考えてるよ。目が痛いときや疲れたときに横になれるとか。みんなそうだから、誰かが具合悪くなって横になっても何も言わないし」

Ｃ「ほかの人に感覚過敏の話をしても伝わらないけど、ここの人たちは似たような感覚を持ってるから、そんなに頭使って伝えなくてもいいもんね。視覚過敏でつらいんだなとか、聴覚過敏で頭痛いんだなとか、すぐわかる」

E「定型発達の人は、自閉スペクトラム症の感覚過敏とかそういうことをあまり知らないじゃない。接したことがないと当然なんだけど。そうすると、英語圏のなかで暮らしているみたいに、話が通じないことがある。このことを伝えたいんだけど、これって英語でなんて言うんだっけ？　と考えて、文法を組み立てて、しゃべって、相手にわかってもらうということを、外の世界ではずっとしてる。でもここは、同じ日本語をしゃべる人、つまり前提条件が同じ人しかいないってわかってるから、詳しいことを説明しなくてもいい。『ちょっと今、光がつらい』って言えば、『電気の光量しぼろうか』ってなる。それが安心」

B「外では一から十まで伝えないといけないもんね。それか、『今この環境がちょっとつらいので席外します』くらいしか言えない」

E「定型発達の人はきっと、『今話している声の大きさ、2分の1にして』って言われたら、イラッとすると思う。うるさいって言われたような気がするから。でも、ここだったらそういう捉え方をする人はいないよね。2分の1にしてって言われたら、『ああ、聴覚過敏でつらくなってるんだろうな』と思う」

D「私の声が大きくなってるんだったら、言って欲しいもんね」

リラ「あぁ私、ヒートアップしてたな、とか思う」

E「で、みんな『ごめん』とも言わずに、しゃべってる最中にシュンって声が小さくなる（笑）。テレビの音量下げるみたいに。それがいいなと思う」

D「定型発達の人が言う『空気』っていうやつが、自閉スペクトラム症の人同士にもあるんじゃないかな。それが共有できていると楽。悪意があるわけじゃないとわかっていて、話を聞いてもらって、整理してもらうと、前を向きやすいなって思う。あとは、みんなとフラットな関係でありたい。私が間違ったことを言ったりやったりしたら、相手に言ってもらいたい。自分も言う。そういう場が居心地がいいなと思ってる」

C「ここの人は、外の人に言っても流されるようなことをみんな真剣に答えてくれるじゃない。だから、こっちもいろいろ話したくなるんだよね」

リラ「ここに来るまでは、自分のことを甘えてるとか怠けてるとか思ってたんだけど……」

B「怠けてるなんて……あなたすごくがんばってるじゃない。逆に、がんばり過ぎてて心配になるよ」

E「ここには、同じような傷つき方をしてきた人がたくさんいるからね。『私はこういうことがつらいんです』っていちいち言わなくても、察してあげられる」

B「ありがたいね」

D「みんないい人だってわかってるから、ネガティブなことを言いだしたり、ガンガン突っ込んで言うようになったら、『今はキャパシティオーバーしてるんだな』と察して、ゆっくり聞き出してくれるしね」

リラ「私みたいに、しょっちゅう『死にたい』とか言ってても受け入れてくれる」

B「そうは見えないけど、ちゃんと闇もあるんだなって思う。でも、闇があることは悪いことじゃないから。闇の部分をみんな心配してるけど、それがあってのリラちゃんだからね。私はリラちゃんに会ってハグすると、すごく癒やされるよ」

当事者会の主催者は、会の意義についてこう語ります。

「当事者で集まって、ただ傷の舐《な》め合いをしてるんじゃないかと、そう思う人もいるでしょう。でも少し意地悪な見方をすると、そういう人たちは自分自身をオープンにできる相手がいないから、この会の重要性がわからないんじゃないかな、と思います。私はみんなといることで、楽だしオープンでいられる。『誤解されるんじゃないか』とか『相手を必要以上に傷つけて取り返しがつかないことになるんじゃないか』って悩んで具合悪くなるようなことが少ない。全くないわけじゃないけど、取り返しがつくって思えるから楽なんですよ。みんなも同じ気持ちでいてくれたらうれしいな、と思います」

「ちょっとお疲れですか?」「まぶしくない?」「ヒートアップしてきたから、おやつ食べて落ち着こう」など、それぞれに配慮した声かけをしながら、おしゃべりは尽きることなく続きます。

こうした発達障害の当事者会は、全国各地で結成されています。スタジオゲストの医師の本田さんは、発達障害の学生を対象とした、鉄道やアニメ・漫画などの趣味のクラブをつくっています。目的は、発達障害の人の好きなことを保障し、安心感を持ってもらうこと。そのクラブで楽しそうにしている様子を見た親は、「問題はこの子にあるわけではなく、周囲の環境にあるのではないか」と気づくそうです。

参加者がその場を楽しめるのは、友達がいるからです。発達障害の子どもたちは、集まっても趣味の話を淡々としているだけで、一般的に言われる「仲良し」という状態とは違うように見えるかもしれません。しかし、彼らも共感できる相手を必要としていて、お互いのことを大事な友達だと思っているのです。

コラム③

「定型発達症候群」という考え方

取材を進めるなかで「定型発達症候群（Neurotypical Syndrome)」という言葉に出会いました。１９９８年、自閉スペクトラム症と診断された海外の一般女性が創作したとされる言葉です。「普通とは何か？」を考えるうえで興味深いので、ちょっと硬い文章ですが、その定義をご紹介します。

「定型発達症候群とは神経生物学的な障害であり、対人関係への没頭、優越性の妄想、周囲との協調に対する固執を特徴とする。定型発達の人々は自分の経験が唯一の正しいものと考えがち。一人でいることが困難で、他者との些細な違いに不寛容である。集団でいるときは柔軟性がない。直接的なコミュニケーションが苦手で、自閉スペクトラム症の人々に比べると嘘をつくケースが多い。悲劇的なことに、１万人のうち９６２５人が定型発達症候群である可能性がある」（The Institute for the Study of the Neurologically Typical より）

平たく言うと「はっきり本音を言うのが苦手」「人より優位に立ちたがる」「ひとりぼっちが不安でたまらないくせに、集団に属したとたん、えらそうになる」など。これはすなわち、発達障害の人から見た定型発達の人の姿です。定型発達の人が発達障害の人の言動を不思議に思うのと同じように、発達障害の人も、定型発達の人の言動を「変だな～」と思っているという「たとえ話」です。

立場が変われば、評価はがらりと変わります。定型発達の人の流儀は「正常」というのではなく、ただ多数派なだけ。発達障害の人が、多数派とは生まれつき流儀の違う少数派なのだと考えると「みんなに合わせろ＝もっと努力して多数派に近づけ！」と一方的に求め続けるのは、あまりにも理不尽なのかもしれません。

「普通とは何か」を考えるうえで、さらに興味深い研究にも出会いました。これまで一般的に「自閉スペクトラム症の人は共感性に乏しい」とされてきましたが、京都大学・福井大学などの共同研究の成果により、その常識が揺らぎました。研究チームは「A：定型発達の人がやりがちな行動を描写した文章」と

「B：自閉スペクトラム症の人がやりがちな行動を描写した文章」の2つを交互に被験者に見せ、脳のなかの「共感」に関わる部位の活動を調べました。その結果、自閉スペクトラム症の人の場合、Aを読んだときの共感部位の活動は低調でしたが、逆に、Bを読んだときは共感部位が活発に働いていました。これは、自閉スペクトラム症の人は、多数派（定型発達の人）の考え方には共感しなくても、少数派（自閉スペクトラム症の人）同士なら共感できるということを示唆しています。さらに興味深いことに、同じ実験を定型発達の人でおこなったところ、Aを読んだときの共感部位の活動は活発でしたが、Bを読んだときの活動は低調でした。つまり、定型発達の人の共感能力は、同じ多数派同士で発揮されるだけで、少数派の人たちの気持ちに共感する力は乏しいとも言えます。「能力の優劣」ではなく「やり方が違うだけ」という考え方で互いの流儀を知れば、もっとわかり合えるかもしれません。

（NHKチーフ・プロデューサー　上松圭）

4

発達障害を抱えながら働く

独特の個性を活かしてグローバル企業に就職

多くの人にとって、社会との接点であり、生活の基盤となる仕事。発達障害の特性や神経の多様性に基づく特徴は、幼少期から現れ、成人期になっても持続します。

アメリカではここ数年、神経の多様性に基づく特徴に注目し、人材を登用する動きが活発化しています。全世界に約12万人の従業員がいるアメリカのMicrosoft社は、2015年に自閉スペクトラム症の特性のある人の採用プログラムを始めました。

このプログラムが初めて公表されたとき、全世界から約700人の応募がありました。そして、このプログラムにおける最初の人材として、11人が採用されています。彼らは主に、ゲーム機「Xbox」の開発チームに配属されました。その後も継続的に採用を続け、2018年1月時点で50人以上を雇用しています。職種には、ソフトウェアエンジニア、ソフトウェアディベロッパー、データサイエンティスト、データアナリスト、サービスエンジニアリング、コンテンツマネージャー、テクニカルマネージャーが含まれています。

２０１５年の夏からMicrosoft社に勤めるケイティ・ハートさんは、このプログラムによって採用された一人です。彼女は４歳のときに自閉スペクトラム症の特性があると診断されました。大学ではビジネスを専攻し、オンラインでコーディング（コンピュータのプログラムをつくること）を学びました。２０１４年、勤めていた会社が人員削減をおこない失業。母親が、Microsoft社が始めた自閉スペクトラム症の特性のある人の採用プログラムの情報をニュースで聞き、ケイティさんに応募を勧めました。

現在のケイティさんの業務は、主にプログラムのバグ（誤りや欠陥）探しです。こうした緻密さが求められる仕事は、自閉スペクトラム症の特性と相性がよいと考えられています。細部への強い注意力が必要とされるためです。

Microsoft社のダイバーシティ&インクルージョン採用責任者ニール・バーネットさんは、「このプログラムで採用された多くの人は、非常に細かな違いにもよく気づきます。問題解決能力、記憶力、パターン認識力にも優れていました。まさに、我が社が探し求めていた人材なのです」と、手応えを感じています。

こうした自閉スペクトラム症の人材採用をサポートする会社があります。デンマークのトーキル・ソーンさんが創立したSpecialisterne（スペシャリスタナ）社です。ソーンさんは3人目の子どもが自閉スペクトラム症という診断を受け、デンマーク自閉症協会で活動することになりました。そこで、自閉スペクトラム症の人は、労働市場でスキルを発揮する機会がほとんどないということを知ったのです。

しかし、IT企業の技術責任者として働いていたソーンさんは、自閉スペクトラム症の特性がIT関連の業務に適しているということに気づいていました。そこで、自閉スペクトラム症の人の就労を支援する会社を立ち上げることにしました。

Specialisterne社では、企業の採用ニーズと自閉スペクトラム症の人材のマッチングをおこなっています。企業に対しては、自閉スペクトラム症の人たちとコミュニケーションを取る方法やマネジメントの方法を学ぶ意欲があるか、彼らにとって快適なエリアを職場に設けようという意志があるか、などを確認してからサービスを提供します。

企業側の姿勢に問題がなければ、仕事内容が自閉スペクトラム症の人に合っているものかどうかを確認し、それから人材を探します。主に、自閉症関連団体、政府機関、障害者団体や大学などからその雇用に合いそうな候補者を見つけるのです。

そこから、ただ企業に人材を紹介するだけではないのがSpecialisterne社の特徴です。4週間にわたる、特別なアセスメント（評価）のためのプログラムを用意しているのです。このプログラムは、候補者の仕事の能力レベルを知るためにおこなわれますが、同時にトレーニングの役割も果たしています。

プログラムではSpecialisterne社が「シェアードスキル」と呼ぶ能力もトレーニングします。「シェアードスキル」は人と協力する能力のことを指します。具体的には、チームワークやビジネス開発、プロジェクトマネジメント、プレゼンテーション、交渉や譲歩などの能力です。

レゴを使って「快適エリア」をつくる

4週間のプログラムのうち、1週目は「レゴ・マインドストーム」という、ロボットがつくれるブロックを使います。たとえば、「ブロックを使って、紙に引かれた線の上を走るロボットをつくれ」などの課題を与え、その課題に合うロボットを自由につくってもらいます。その理由は、自閉スペクトラム症の採用候補者にとっての「快適エリア」をつくるためです。

「彼らの多くは職場というものに入ったことがありません。そのため、評価に入る前に、まずは彼らが快適だと思える環境をつくることが必要だと考えました」（ソーンさん）

ソーンさんは、自分の子どもが自閉スペクトラム症であるとわかってから、たくさんの自閉スペクトラム症の子どもの保護者と会ってきました。自閉スペクトラム症の子どもを育てるなかには、数々の困難があります。ただ、多くの親が「子どもがレゴで遊んでいるときは、子どもを誇らしく思う」と答えたのをソーンさんは覚えていました。自閉スペクトラム症の人は概して、レゴがとても得意なのだとソーンさんは言います。

「自閉スペクトラム症の人にとって、コミュニケーションは問題の一つです。私は彼らをどう理解すればいいのか、彼らの性格や人物像を見せてもらうには、どうすればいいのかと考えたのです。そこで、レゴが得意ならばそれを使ってみたらどうか、と思いつきました」（ソーンさん）

ソーンさんは、デンマークにあるレゴの本社を訪れ、「自閉スペクトラム症の人が自身の人物像について、言葉ではなく形で伝えられるようなものはないだろうか」と相談しました。そこで、大学などでも使われているハイレベルな教育用ブロックである、レゴ・マインドストームというロボットをつくれる製品を開発していることを知ったのです。そこから、候補者のアセスメントにレゴ・マインドストームを活用するようになりました。

「レゴ・マインドストームを使うことで、受け入れ先の企業の従業員が『どうしてロボットがそこらじゅうにあるんだろう』と注目するという効果もありました。このように、おもしろいきっかけをつくると、多くの人がそれまでの人生でつくり上げてきてしまっ

た自閉スペクトラム症の人との間にある障壁を忘れ、すぐに一緒に働けるようになるのです」（ソーンさん）

2週目には、チームでの仕事に取り組みます。候補者同士で結成したグループに任務が与えられ、メンバーはそれを遂行するために、ブレーンストーミングをしたり、交渉をしたり、アイデアを出し合ったり、物事に優先順位をつけ、計画を立てて進めたりしていきます。

そのうえで、誰がどのような能力に長《た》けているかを検討し、どうしたらチームとしてうまく働けるかを見つけ出すのです。この週は「シェアードスキル」のトレーニングになります。

そして、最後の2週間は実際の仕事に関わるアセスメントをおこなっていきます。候補者に、雇用先のマネージャーや同僚となるかもしれない人たちを紹介するのです。そうした人たちを「快適エリア」に招き、また候補者をランチやその会社で働く先の部署に連れていったりします。こうして双方から関係を築き、4週間が終わるころには、どうすればこの仕事関係がうまく機能するかが、わかるようになります。

このアセスメントによってわかった、自閉スペクトラム症の候補者の各自の能力や可能性が「パーソナル・ビジネス・プロフィール」というものにまとめられます。それを見て、その人の優れた能力はなんなのか、マネジメントするうえで適した環境はどういうものなのかを考えていくのです。この情報をもとに、マネージャー側のトレーニングもおこなわれます。

自閉スペクトラム症の人には、優れた記憶力やパターンを見つけ出す能力、反復的な仕事における高い精度、細かいことに気づく能力、既存の問題に対して新しい見方を提示する能力などが備わっていることがあります。ただ、これら全部がすべての自閉スペクトラム症の人に備わっているわけではありません。そのため、各人の固有の能力を把握する必要があります。

そして評価の大事なポイントの一つがモチベーションです。どうして就職したいと思っているのか、何か得意なことがあるか、などを必ず本人に聞くようにしています。モチベーションや情熱さえ見つけることができれば、その周りにたくさんのことを積み上げていくことができる、とソーンさんは言います。たとえば、ゲームが得意、ゲームが好きというモチベーションがあれば、それをもとにスキルを足したり、トレーニングを受けさせたりすることができるのです。

しかし、候補者のほとんどはそれまでに、どういうモチベーションで働きたいと思っているのかなど、聞かれたことがありません。

「彼らの両親や教師は、自閉スペクトラム症の人の20%ほどしか仕事に就けていないということを知っています。それゆえに、彼らにわざわざ期待を持たせないように、注意してきたのです。ですから、彼らの多くとはまず、『人生における夢とは何か』ということから話を始めないといけません。そうした話をしたことがないからです」（ソーンさん）

Specialisterne社のアセスメントプログラムは、4週間を通して自閉スペクトラム症の候補者の人物像を捉え、どのような能力が、どのようなモチベーションに基づいて発達しているのかを調べることに焦点を当てています。多くの場合、自閉スペクトラム症の候補者はこのアセスメントによって、新しく自信を育むようになります。また、新しいものの見方を獲得し、両親や教師を驚かせることがあります。その理由について、ソーンさんはこう語ります。

「きっと、自閉スペクトラム症の人の多くは、生まれてからずっと自分ができないことについて指摘され続けてきたからでしょう。苦手なことではなく、あえて得意なことについて話すようにすると、これまでとは異なる対話が生まれるのです」

社交的でないと就職できないのは、仕組みがおかしい

自閉スペクトラム症の人は、知能や専門的な能力が高かったとしても、会話のキャッ

チボールが苦手なために、就職の機会を逃すという問題がありました。面接の場で人事担当者は、専門的な能力とは別に、社交性があるかどうかを調べようとします。しかし面接というストレスの多い環境では、自閉スペクトラム症の人はうまく振る舞えないといいます。

「自閉スペクトラム症の団体でいろいろな話を聞くなかで、自閉スペクトラム症の人たちは高い能力を持ちながら、面接で求められる社交性を持ち合わせていないため、雇用されないという現実を知りました。それはおかしな理屈だと思ったのです。労働市場を変える必要がある、と私は思いました。自閉スペクトラム症の人の社交性は、定型発達の人とは異なっていることが多いのです。一緒に仕事をしていた私の経験上、彼らは落ち着ける環境にいると、とても社交的になります」（ソーンさん）

そこで、Specialisterne社では人事担当者が応募者個人に興味と理解を示すことで、就職面接のストレスを軽減しようと試みました。

また、自閉スペクトラム症の人が面接で不利になってしまう理由はほかにもあります。自閉スペクトラム症の人は、言葉をその字義通りに捉え、自分で話すときも嘘をついたり誇張したりすることを好みません。そのため、自分の能力や経歴、得意としていることについてアピールするのが苦手なのです。くだけた言い方をすれば「バカ正直」であると言えるかもしれません。たとえば応募資格が「実務経験5年以上」と書かれている場合、実務経験が4年と数ヶ月だと「絶対に応募してはいけない」と思うことがあります。

「しかし、自閉スペクトラム症ではない人は、仕事を得るためならば年数に関係なくとりあえず応募してみて、面接の場でアピールをして乗り切ろうとすることもあるでしょう。正直でいればいるほど不利になるというのは、自閉スペクトラム症の人の側の問題ではありません。雇用において、能力や人物像を評価する方法に問題があるのです」（ソーンさん）

Specialisterne社では、提携企業に4つの価値観を守るように伝えています。

一つ目は、違いを「尊重すること」。そうするほうがチームが良くなるのです。障害の認定を受けた人も、そうでない人も同等の影響力を持つと認識することが大切です。

二つ目は、「順応すること」。自閉スペクトラム症の人は、感覚過敏があったり、疲れやすかったりすることがあります。それは周囲の人が「そういうものなのだ」と受け入れるべきです。

三つ目は、「明確にすること」。皮肉や冗談を避け、言葉通りの意味で発言し、希望をはっきり伝えるのです。

最後は、「理解しやすくすること」。たとえば、自閉スペクトラム症の人が指導を受ける必要がある場合は、誰から受けるのかをはっきりさせる、といったことです。

この4つの条件がそろうと、自閉スペクトラム症の人にとって快適な労働環境となります。

発達障害の人の雇用がグローバル化や人材不足を乗り越える鍵になる

Specialisterne社は「ジョブ・ライフ・コーチ」という役割の人を置いています。多くの自閉スペクトラム症の人にとって、職場とプライベートは緊密なつながりを持っていて、どちらかにトラブルが起きると仕事を続けられなくなってしまいます。ジョブ・ライフ・コーチは、その両方においてコーチの役割を務めるのです。たとえば仕事上では、自閉スペクトラム症の人が上司の言った皮肉や冗談を真に受けて混乱したときなどに、相談相手となって、その状況について学ぶ手助けをします。またプライベートで、バスが運休したり、電車が遅れたり、親族が亡くなったりと、作業効率に影響を及ぼしかねない事態が発生したときなども、相談に乗って問題を解決します。

サポート体制を構築する際には、メンターも教育します。メンターは、自閉スペクトラム症の社員の友達や相棒といった存在であり、会社のなかに自閉スペクトラム症の人が働きやすく、安心できる環境をつくる役割を担う人です。Specialisterne社はそこまでサポートしています。

Specialisterne社の提携企業であるヨーロッパ最大級のソフトウェア会社ＳＡＰでは、自閉スペクトラム症の人の採用プログラムで雇用した従業員の定着率が94％と高い水準を保っています。その成功は、経営陣、指導を担当した責任者、現場の従業員全員が、自閉スペクトラム症に対する理解を深めたことがベースにあります。そして、職場全体が自閉スペクトラム症の人にとって快適であるように協力したことで、会社にこのプログラムが根付いたのです。

ソーンさんは、「自閉スペクトラム症の人は『炭鉱のカナリア』のような存在だ」と言います。炭鉱のカナリアとは、炭鉱内の窒息ガスや毒ガスにいち早く反応することで、人間を救う存在です。

「自閉スペクトラム症の人が活躍できる職場は、おそらく誰にとっても働きやすいところでしょう。現代の労働環境はストレスが多く、ノイローゼになりかけている人が多いですよね。しかし、想像してみてください。多くの企業が、『尊重すること』『順応すること』『明確にすること』『理解しやすくすること』という価値観を守っている世界を。そうなれば、定型発達の人にとってのストレスも軽減できるかもしれません。自分が理解されている、受け入れられているだけでなく認められていると感じるのは、自閉スペクトラム症の人に限らず、誰にとってもうれしいことです」（ソーンさん）

現在、Specialisterne社は前述のMicrosoftやSAP、CISCO、IBMなどの大企業を含む約100社と提携しています。企業が自閉スペクトラム症の人の採用に意欲を見せる理由を、ソーンさんはこう分析しています。

「理由は2つあります。一つは、企業は最も優秀な人材に仕事を任せたいと考えているからです。したがって、募集対象が広がれば広がるほど、優秀な人材を見つけられる可能性は高くなります。もう一つは、知識を基盤とするグローバルな市場で革新性を競うのであれば、他人と違っていたり、誰も考えたことのないことを考えついたり、新しいものの見方や働き方を提示できる人材が必要であるということです。今後、人材不足は深刻化していくでしょう。そのため、Specialisterne社に注目している大企業は、多数派の人々とそうでない人々の双方にとって、魅力的な企業となるべく今から準備を進めているのです」

もともとソーンさんの経歴から、IT企業での導入が進められてきましたが、どんな業界でも「記憶力に優れている」「細かいことに注意できる」「パターン認識が得意」「正直かつ働き者」「献身的」という自閉スペクトラム症によくみられる特性がある人材を雇うことで、恩恵を受けられるとソーンさんは言います。

最近はSpecialisterne社の提携先に、養豚の会社が加わりました。ソーンさんは

「自閉スペクトラム症の人の多くは動物の扱いに長けているため、動物に接する仕事がしたい自閉スペクトラム症の人を募集し、成功した」と言います。

Specialisterne社の企業ロゴは、タンポポの種がモチーフになっています。タンポポは、見方によって価値が変わるものの象徴です。もしタンポポが家の花壇で見つかった場合、雑草として厄介者扱いされることでしょう。しかし、タンポポはハーブとして薬効がある、とても有用な植物でもあります。それはあまり知られていません。

「すべてのタンポポの種には同じ潜在能力があるものの、タンポポを雑草と見るか、薬草と見るかは環境次第です。タンポポの有用性が知られていないように、自閉スペクトラム症の人々の価値もほかの人には知られていません。誰もが潜在能力を発揮できる、居心地の良い環境を見つけられるべきです。私たちは、誰もが薬草としての潜在能力を発揮できるよう、環境を変えていこうとしています」（ソーンさん）

Specialisterne社の拠点は現在、アメリカ、アイルランド、スペイン、ブラジル、カナダ、オーストラリア、シンガポールなど世界各国に広がっています。

「適当に水をやって」が通じない

日本でも、発達障害の人の就労を支援する動きが始まっています。2012年にIT関連企業に就職した伊藤直《いとうなお》さん28歳（取材当時）のケースを紹介します。伊藤さんは、小学6年のときに高機能自閉症という診断を受けました。友達からは「冗談が通じない」などと言われることもありましたが、大学までは大きな問題もなく穏やかに生活できていました。

壁にぶつかったのが就職活動です。面接では臨機応変に答えられず、応募書類も志望動機や「将来どんな人物になりたいか」といった設問の答えがなかなか記入できなくて、つまずいてしまいました。

トーキル・ソーンさんが言っていた通り、自閉スペクトラム症の人は言葉を文字通りに受け取り、自分を「盛って」発信することが苦手です。将来の見通しがつかないのに、将来の目指す像について書くことは、伊藤さんにとって非常に難しい課題でした。

障害者自立支援センターに相談したところ、「普通の就職活動は難しいのではないか」と言われ、精神障害者保健福祉手帳を取得することになりました。さらに、地元の精神科の医師に支援機関が運営する就労移行支援サービスに通うことを勧められました。

そこでは、就職準備のトレーニングや企業での体験実習がおこなわれていました。伊藤さんは、グループワークを通じてコミュニケーションを学んだり、ビジネスマナーの研修を受けたりしました。

「それまでは、自分が思っていることと反対のことを言われると、真っ向から否定してしまっていたんです。でも、それではいけない、ということをグループワークのなかで学びました。なるべく同意、同調し、補足というかたちで自分の意見を付け加えることを心がけるようになりました」（伊藤さん）

伊藤さんは、とにかく早く就職したいという思いを抱いていました。きちんとした仕事に就き、安定した収入を得て、実家の家族を支えたいと考えていたのです。そのため、就労移行支援サービスに通っている間に、現在働くＩＴ関連企業を紹介されたときは、職種や仕事内容にはこだわらず就職することに決めました。

この会社はそれまで、身体障害のある人を採用したことはありました。しかし、発達障害のある人を採用したのは伊藤さんが初めてのケースです。

伊藤さんは就職した当初、自閉スペクトラム症の人がよく陥る「適当にやっておいて」の罠にはまってしまいました。当時の上司である窪田《くぼた》妙子《たえこ》さんから、「植木に適当に水をやっておいて」と言われた際に、下の受け皿から溢れるほど水をやり続け、床を水浸しにしてしまったのです。

伊藤さんは「適当」な量がどのくらいかわからず、「土が完全に湿るまでやればいいだろう」と考えました。土の表面を見ていると、なかなか水が十分に行き渡っているようには見えません。じょうろでどんどん水をやっているうちに、下の受け皿から水が溢れてきました。しかし土ばかり見ている伊藤さんはそのことに気づかず、水をやり続けました。

窪田さんは、どうして溢れているのに水をやり続けるのかわからず、とりあえず水やりをストップさせました。伊藤さんに「適当に水をやって欲しいと言ったんだけど……」と言うと、伊藤さんは「適当、というのはどういうことでしょうか」と聞きました。そこで、窪田さんは「適当」では通じないのだ、ということを実感したのです。

「自分の指示が曖昧だったんだ、とわかりました。そこで以前、支援機関の人から『自閉スペクトラム症の人には数字で具体的に物事を伝えたほうが通じやすい』とアドバイスをもらっていたことを思い出したんです。その場にコップがあったので、『この植木にはコップ1杯の水をあげてください』とお願いし直しました。すると、それからきちっと、同じ曜日の同じ時間にコップ1杯の水をやってくれるようになったんです。ほかの植木鉢も大きさに合わせて、コップ2杯、コップ5杯と水の量を決めました。そうしたら、うまくいきました」（窪田さん）

水を溢れさせてしまったのは1回だけです。それから5年、伊藤さんは欠かさず観葉植物に水やりをしています。観葉植物は、伊藤さんが入社する前よりもいきいきと茂るようになりました。

この入社早々の一件によって、窪田さんやほかの同僚は伊藤さんに対してどう対応したらよいのかよく考えるようになりました。入社から1ヶ月は、支援機関の担当者に相談しながら特性を理解していきました。

仕事の指示の出し方も、曖昧さを極力なくし、具体的に言うようになりました。たとえば、早くやって欲しい仕事について、「急いでいる」ということを伝えるだけではまだ曖昧であり、「○○時までにやってください」「今すぐ始めてください」といった指示をしています。

伊藤さんはマルチタスクが苦手で、仕事の優先順位を決められなくなることがあります。そういう場合は、複数の仕事を同時に指示せず、一つ終わらせたらその次の仕事を指示するなど、順番に伝えるようにしています。また、一番先にやるべきなのはこの仕事、次はこの仕事、と紙に書いて明示することもあります。

変化に対応できない、という特性もあるため、突然の指示は避けるようにしています。固定業務以外の単発の仕事がいくつか入ってきたときには、仕事の順序を明確に指示し、勤務場所や仕事内容を細かく決めます。また、時間を区切って進めたほうがいい仕事は、ストップウォッチを使って作業時間を10分単位で計るなど、伊藤さんに合ったやり方をいろいろ編み出しています。

「ミスしたことを振り返る」は間違っている？

伊藤さんは、得意なことと不得意なことがはっきりしています。得意な仕事は、データ入力や数字などのチェック業務です。パソコンに書いてある15桁くらいのシリアルナンバーもすぐに覚えることができます。経理の数字チェックもほとんどミスがありません。領収書の金額と申請金額が少しでも違っていたら、それを見つけ出すことができます。もともと鉄道が好きで詳しいことも、経費精算のチェック業務に活かされています。

「同じ区間でも、一つの鉄道会社の路線で行ったのか、どこかで他社の路線に乗り換えたのかは、金額を見ればわかります。ですので、記載されている乗り換えのルートと金額が合っていない場合は、申請を出した本人に連絡をして、修正をお願いしています」（伊藤さん）

伊藤さんのこうした緻密さは、社内で高い評価を得ています。

「ミスがないねと言われたり、作業が終わったあとに『ありがとう』と言われたりする

とうれしいです。あとは、『助かっているよ』と言ってもらえることがうれしいです」（伊藤さん）

一方、苦手な業務は電話応対です。電話は取るまで相手がわかりません。臨機応変に会話する、複数のことを同時に処理するという状況になると、焦ってしまいます。

「万が一、オフィスに一人になったときだけ出るように、と言われているのですが、今のところなかなか機会がありません。電話を取るのは、今後の課題かなと思います。メモを素早く取れなかったり、何度も聞き返してしまうことが悩みです」（伊藤さん）

「彼はオールマイティーではないけれど、いくつかの能力にすごく秀でている」と窪田さんは言います。

「ファイルを少しのズレもなく番号順に並べたり、私たちがダブルチェックでも見逃したようなミスを見つけ出したりできるんです。それは、本人にとってはなんでもないことなんですよね。でも、私は素晴らしいと思います。また、彼は本当に素直で、正直で一生懸命仕事をしています。その姿勢は、見習わなければいけないと思います。彼がいることによって、周りの人たちにもいい雰囲気が生まれています」（窪田さん）

入社して4年目、会社の組織変更で主任の西村優美《にしむらゆみ》さんが伊藤さんの上司になりました。西村さんは最初、窪田さんが実践していた一から十まで細かく指示を出すというマネジメントスタイルを引き継ぎました。しかしそのうち業務が忙しくなり、そこまでの指示出しができなくなってしまいました。それでも伊藤さんは問題なく仕事をこなしていきました。

「皆まで言わなくても、ちゃんとこちらの意図を汲んで完成形を届けてくれるので、どんどん指示を省略するようになっていきました。これも、あれもと課題を出すと見事に応えてくれるので、伊藤さんの給料が働きぶりに見合わず低いと感じたのです。そこで伊藤さんの給料を上げられないかと、上司に交渉しました。そうしたら、上司も納得してくれて、給料が上がったんです。伊藤さんも、ご家族の方も喜んでくれて、私もやりがいを感じました」（西村さん）

給料もアップし、西村さんのマネジメントは一見順調にいっているように見えました。しかし、課題や業務量を増やしていくうちに、伊藤さんにだんだん異変が現れてきました。

期待に応えようとするものの、今までなかったようなミスが少しずつ出てきてしまったのです。そして、伊藤さんはミスをするたびに、「なんでこんなことをしてしまったんだ！」と大声を出し、過度に自分を責めるようになってしまいました。

伊藤さんが強いストレスを感じているように見えたため、西村さんは担当の臨床心理士に相談してみました。専門家の対応を学びたいと考えたのです。そこで西村さんは、想定していたことと百八十度違うアドバイスをもらいました。

「私は、それまで新入社員に対する教育では、ミスをしたときに『なぜ間違ったか』と振り返らせていました。原因を明らかにして、次のミスを防止するためです。なので、伊藤さんにも『なぜこういうミスをしたんだと思う？』と聞いていたんです。でも臨床心理士の方に、『ミスについて振り返ってはいけない』と言われ、驚きました。伊藤さんはそうすると、自分のミスを責めるばかりになってしまい、次のステップに行けないというのです。もしミスがあっても指摘せず、次の指示を出してくださいと言われました。失敗してもそれに触れず、次の対応だけを指示するようにしたら、フラットな気持ちで次の業務に進んでくれるようになりました」（西村さん）

また、「無表情で注意をすると怒っているように感じられてしまうため、表情に気をつけて指導するようにしてください」というアドバイスもありました。

発達障害の人は、これまでに特性によって人から怒鳴られたり、責められたりしてきた経験が多く、自分を肯定できていないことがあります。そのため、ちょっとした注意でも、相手がすごく怒っていると受け取ることがあるのです。

番組には、発達障害の当事者から、「怒られることに恐怖を覚える」という悩みについてこのような声が寄せられていました。

「大学生になってから発達障害の診断を受けた本人です。私は幼少期から忘れっぽい、ミスを起こしやすいという特性がありました。それによって周囲から注意を受けたり、怒られたりすることも多く、いつしか『ミスをすること』、それによって『怒られること』に強い恐怖感を覚えるようになりました。その結果、どうすればミスをせず、怒られずに済むかを考えるようになり、完璧主義になってしまいました。常に恐怖感を覚えながら物事を抜かりなくこなすのは苦痛でしかありません。**発達障害のある人は幼少期からの怒られる恐怖で自分に自信がない人が多いです。なので、何かミスを指摘したり、注意をするときには頭ごなしに怒るのではなく、なぜミスが起きてしまったのか、次にミスを起こさないようにするにはどういう工夫が必要なのか、本人だけに考えさせるのではなく、一緒に考え、工夫していけるように協力してもらえると非常に助かります**」

（東京都20代）

もう一つ、西村さんが衝撃を受けたことがありました。西村さんは、伊藤さんが期待に応えてくれるあまり、「もっと成長して欲しい」「転職してもやっていけるくらいのスキルを身につけたほうが本人のためだ」という気持ちを強くしていました。しかし、臨床心理士は「伊藤さんにとっては成長することよりも、定着することが一番大事です」

と言ったのです。

「ここでストレスなく業務を続けて定着できることが、伊藤さんにとっての幸せだと言われたんです。それが、自分のなかで考え方を変えるきっかけになりました。今は、ステップアップするにしても段階を少しずつ上げていき、あまり業務に大きな変化が起きないようにしています」（西村さん）

これまでの伊藤さんの貢献から、会社の同僚たちは伊藤さんとずっと一緒に働きたい、と思うようになっていました。そのため、伊藤さんが精神的に不安定になったときも、どうしたらうまくやっていけるのだろうと話し合い、その結果、現在の状態に落ち着いたのです。

今では、一緒に働いている仲間たちは、伊藤さんの苦手や得意をよく把握して、伊藤さんが仕事をしやすいように物事を伝えることができるようになりました。

一緒に働いて人生が変わった

伊藤さんはもう、会社にとって欠かせない戦力です。インフルエンザで1週間休んだときは、西村さんをはじめとするほかの同僚の業務が滞ってしまいました。

「いかに伊藤さんにいつも助けられていたかを実感しましたね。一緒に一つの業務を、

チームとしてやっているという意識を持っています」（西村さん）

発達障害の特性を知り、適切な対応をすることは必要です。しかし、そこまで特別視はしていないと西村さんは言います。

「業務の指示をわかりやすく伝える、といったこと以外では、特に気を遣っていません。一緒に歓迎会や飲み会に行ったりもします。もちろん、教育方法や指示の出し方、仕事の振り方などはほかの社員と違うところがありますが、得意な仕事は誰よりもできると信頼しているので」（西村さん）

伊藤さんは好きな地理や歴史の話を、同僚とすることもあります。世間話にはついていけない、と感じることもありますが、職場に受け入れられているという実感がありま す。今後は、共通の趣味を持つ友人も欲しいと思っています。

5年以上仕事が続いていることについて、伊藤さんはこう言います。

「大学も奨学金で通っていたので、それを返していくためには、1ヶ月たりとも無職ではいけないなと思いますので、しっかり働き続けることが大切かなと思います。それと、家族を安心させられるように、ですね」

これからは新たな業務を担当できるよう、パソコンスキルをアップさせたり、簿記の資格を取ったりしたい、と意欲を燃やしています。また自分と同じ発達障害の後輩が入ってきたら一緒に働きたい、という思いも持っています。

最初の上司となった窪田さんは、伊藤さんに出会うまで発達障害のことをよく知りませんでした。採用してから書籍やインターネットの記事を読み、特性について学んでいったのです。

ただ、本に書いてあることが伊藤さんにそのまま当てはまるとは限りません。コミュニケーションにおいて苦手とする方向性も、人それぞれ少しずつ違います。伊藤さんとはどういう人なのかを、一緒に仕事をしながら、試行錯誤で知っていきました。

最初は、仕事の指示だけでなく、休み時間の過ごし方なども窪田さんには気になる点がありました。伊藤さんが、昼休みに一人で食事をとっていることが多かったからです。「一人で食べるなら、一緒に食べようよ」と声をかけた窪田さん。しかし、伊藤さんからは「一人でいいです」という返事が返ってきて戸惑いました。

支援機関の担当者に相談したところ、「そういうときは一人にしてあげてください。そのほうが彼にとっては楽なんです」というアドバイスがありました。窪田さんは「心地よいと感じる距離感が自分とは違うのだ」と納得し、その後は伊藤さんが一人でいても気にならなくなりました。

「関わりを拒絶しているというわけではないんですよね。会社でお花見やバーベキューを企画すると、必ず来てくれます。自分からコミュニケーションを取ろうとはしないけ

れど、同じ空間に一緒にいてくれる。それで十分だと思っています」（窪田さん）
窪田さんは伊藤さんと接するうちに、発達障害の人との間に壁をつくっているのは、自分のことを〝普通〟だと思っている定型発達の人のほうではないか、と考えるようになりました。
「伊藤さんは、言ったことは一度で理解できるし、わからないことはネットで調べることもできる。本当に、同じ年代のほかの人と変わらないと感じています。人は、その人の能力に合った仕事を任され、信頼されると、自信が持てて期待に応えようとする力がつく。それは発達障害の人でも誰でも同じです」（窪田さん）
窪田さんは、発達障害のある人を雇用していない会社の人から、「一緒に働くのは難しくないですか？」と聞かれることがあるといいます。そういうときは、「まず、採用して一緒に仕事をしてみてください」と答えているそうです。
また、雇用したことがない会社では、常に1対1で対応しないといけないのではないか、といった誤解を持っている人がいます。そんなことはなく、発達障害があっても、的確な指示を出せば割り当てられた仕事を全うすることができるのです。一緒に働いてみれば、そんなに特別なことではないとわかるはずだ、と窪田さんは考えています。
窪田さんは、伊藤さんと出会ったことを「人生のターニングポイント」と振り返ります。

「伊藤さんのような障害のある人が働きやすい会社をつくろうと思い、伊藤さんが入社して2年後、特例子会社を設立しました。障害者手帳を持っている人でも、仕事ができる人がまだまだいるんですよね。今、支援学校のインターンを受け入れたり、一般の実習生を受け入れたりしているなかでもそう感じます。弊社だけでなく、世の中全体で、障害がある人もない人も一緒に仕事ができる会社が増えるように働きかけていきたいです」（窪田さん）

特例子会社とは、障害者の雇用の促進や安定を図るために、事業主が障害者の雇用に特別な配慮をして設立する子会社のことを指します。窪田さんが代表取締役を務める株式会社ピーエスシースマイルでは今、発達障害を含む精神的な障害がある人を10人雇用しています。

カミングアウト、する？　しない？

伊藤さんのケースを受けてスタジオゲストの綾屋さんは、「もし、発達障害の人が何かの業務においてすごく成果を出せるとしても、〝スーパーマン〟ではないんです。働ける総量は同じだと考えていただいたほうがいいのかな、と思いました。たとえば、仮に定型発達の人の2倍の正確さがあったとして、それで通常と同じく8時間働いたら、やはり壊れてしまうんです。ですから、たとえば働く時間を半分にするなど、疲れが出やすいということを見当に入れなければいけません」と話しました。

また、得意・不得意を把握して仕事を割り振るという部分に関しては、決めつけてしまうことの危うさについて、こう指摘しました。

「やってみないと本人も、できる・できないの線引きをどこにしていいかわからないところがあると思います。違うやり方で同じゴールにたどり着けるということもあるでしょう。やってみて難しかったとしても、新しい支援の仕方を発見するかもしれない。なので、働きながら実験し続けるようなかたちで、職場のみんなで取り組んでいけたらいいな、と思いました」（綾屋さん）

発達障害の人はできることとできないことの差が著しいことが多いですが、それらの特徴を長所・短所として捉え、「世の中の役に立つ長所を伸ばすのがいいことだ」とする言説には抵抗があると、綾屋さんは言います。良い悪い、役に立つか否かなどの価値の基準から離れ、まずはすべてを単なる本人の特徴としてニュートラル（中立的）に捉えていくことが、偏見を持つことなく、お互いを大切にしていく気持ちにつながると考えています。

伊藤さんは、発達障害という診断を受け、それをもとに障害者手帳を取得し、障害者枠で現在の会社に入社しました。しかし、番組には、「発達障害と診断されたけれど、周りに言えない。こわい」という視聴者からのコメントが寄せられました。そうした思いを持つ発達障害当事者はたくさんいます。

「私は去年、自ら病院を受診し、発達障害（ADHD）だと診断されました。**学生時代は当たり前のように普通の子として過ごしてきたので、診断が出されたときはショックでした。そして今でも、どう生きていけばいいのかわかりません。カミングアウトしたほうがいいのか、隠していったほうがいいのか、悩んでいます。**でも、少しだけ安心できたこともありました。それは他者と関わることが苦手な理由を、自分自身に説明できるようになったことです。なんで自分はだめなんだろうと幼いころから思っていました。社会に出てからは、自分の考えや意見を同僚に伝えられず、コミュニケーションがうまくいかなくなり、うつにもなりました。そんな自分の特性を理解し、今はうまく付き合っていこうとがんばっています。だめじゃない、特性なんだと思いたいですが、実際に当事者になるとそれは難しいものです」（沖縄県20代）

「私は21歳のときに広汎性発達障害と診断されました。**生活するうえで私が発達障害だと言っていいものかどうかで悩んでいます。就職にも影響があるだろうとかも……。知**

られたらなんと言われるか不安でもあるし、陰で何か言われるかもと思って心配です。でも、発達障害でいざ困ったことが起きたときのことを考えると、言ったほうがいいのではないかと迷います。たとえば、一例ですが冗談が全く通じないことが私の特性の一つです。最近は『これは冗談だな』とかがわかってきましたが、わからないときもあるので、冗談を本気にしてしまい、それが騒動のきっかけになったりしたことも過去にあります。そのため、発達障害のことを周りに言えばいいのか、言わないほうがいいのか本当に悩み、迷っています」（福岡県20代）

「僕は、自閉スペクトラム症です。話すときは言葉が出てきづらいです。また、ストレスに弱く、不安が重なります。見えない恐怖に押しつぶされそうになり、その考えから抜け出せない特性があります。言葉も聞いたまま理解することが多く、相互の解釈の確認を怠りません。とても、怒られている感覚もあります。また、聴覚過敏でもあります。**このような状態で新しい職場で過ごすことが不安で仕方ありません。でも、発達障害を隠しながら生きていかないと、生活を続けられません。つらいです**」（北海道20代）

「私は4年前に自閉スペクトラム症とADHDと診断されました。**当時の私は早く職に就くことと一人暮らしがしたかったため、発達障害を隠して、派遣社員で食品製造の仕**

事に就きました。しかし、予定外のことが起きたり、時間に追われたりするとパニックを起こしてしまい、泣いてしまいます。つい最近、パートさんと口ゲンカしてしまい、それが原因で雰囲気が悪くなり、人間不信になりそうで仕事に行きづらくなりました。今は病院には行っていませんが、もう一度病院に行こうと思っていますし、障害者枠で働こうと考えていますが、何せ一人暮らしのため生活できるかどうか不安です。どうすれば、自分に合った働き方ができるのでしょうか？　そして、一人暮らしをしても不安なく過ごせるのでしょうか？」（千葉県30代）

カミングアウトしたほうがいいかどうかの判断は、当事者によってさまざまです。たとえば、こちらは公表したことにより、障害者枠の雇用で、自分に合った環境で働けるようになった、というケースです。

「私は33歳でADHDの診断を受けました。**苦手ながらもそれまで一般職に就いておりましたので悩みましたが、現在は公表して、障害者枠にて今の職場に入りました。**できることも多々あるので、人からはわかりづらいようではありますが、たまに引っかかる部分もあるようです。今の職場では理解を示そうとしてくれているのを感じるので、がんばって勤めたいと思っています。自分で受け入れることにも随分抵抗がありましたが、今は、自分の特性を受け入れて生きていこうとしています。理解されないと悲しいときも、悩むときもありますが、**あぁ、こういうことは苦手なんだな、とより理解を得て、自分にとって過ごしやすい環境をつくるためにも、私は公表する決意をしました**」（高知県30代）

障害者枠で入社しても、周りの理解が得られない場合は働き続けるのが難しくなります。そして、一般枠での雇用だけれど、カミングアウトしたうえで、周りの理解を得て働いているというケースもあります。

「私は、37歳のときに検査を受けて自閉スペクトラム症を伴う発達障害と軽度の知的障害という診断を受けました。主治医や若者サポートステーションの勧めもあり、**前の職場を障害者雇用にしましたが、見た目では普通に話せることと、環境に慣れると周りのスタッフとも話せてしまうことから、仕事の理解度やコミュニケーションの取りづらさ、こだわりの強さなどの困りごとを理解してもらえませんでした。**見た目の判断で『実は、困っていないのでは？』と上司だけでなく常駐のジョブコーチにまで言われてしまい、職場にいられなくなり、主治医や支援センターにも退職の意思を伝えました。**現在は一般雇用として（障害を）カミングアウトしたうえで、一定の理解をしてもらって仕事を**

しています。主治医からも『あなたの特性を理解してくれる職場に行きなさい』と言われました。一般雇用でも伝えなければいけませんが、仕事も自分のできる範囲にしてもらっているので、助かることもあります」（静岡県30代）

一方、発達障害をカミングアウトしなければよかった、と強く後悔している当事者もいます。

「発達障害当事者です。私は38歳のときに診断されました。当時の職場での人間関係がうまくいかず、出産・育児も重なりうつ病の二次障害を発症し、その治療過程で判明しました。アスペルガーを基本に、ＡＤＨＤ、ＬＤ（算数障害）もあるようです。**診断内容を職場に報告したところ、今まで経験したことのない全く別の部署へ（事務から力仕事の現場へ）の異動を命じられました。**体力的に自信がなかったので、どうにか元の部署に戻れないか、もしくは事務系ならどこの部署でもよいので、と交渉を重ねたのですが『そのような特性（障害）があるのなら、事務系の仕事は難しい。あなたが異動できる部署はありません』と言いきられました。**元の部署の人たちからも『障害があるからといって、今までのあなたのやってきた（トラブってきた）仕事や人間関係がクリアになるとは思わないし、許されないので、復帰して欲しくない』という声が上がっている、と会社から説明がありました。結局、退職せざるを得なくなりました。あれから5年。**今は発達障害であることを隠したまま別の会社で働いています。『自分が発達障害であることは絶対にカミングアウトしない。秘密にして事実は墓場まで持っていく‼』と決めました。**発達障害であることを知られても良いことは一つもないと、身をもって知ったからです。悲しくて、悔しくて仕方ありません。病気なら治るかもしれないけれど、障害は治ることはないから……」（大分県40代）

特性を理解し、受け入れることから

スタジオゲストの栗原類さんは、2015年にNHK「あさイチ」で発達障害を告白しました。栗原さんはもともと、自身のブログなどで発達障害について書いていたため、そのことを隠していたつもりはありませんでした。それでも、放送後は「知らなかった」「驚いた」という反応がたくさんあったといいます。

同時に、発達障害の当事者やその親などからは「言ってくれてありがとう」「勇気をもらった」「代弁者になって欲しい」という声もたくさん届いたそうです。

栗原さんは「発達障害の特性は、人それぞれ違うため、僕の話が参考になるかどうかはわかりません。ただ、一人でも多くの人に発達障害のことをわかっていただけたらい

自らの体験を語る栗原類さん。
[「発達障害　解明される未知の世界」(2017年5月21日放送)より]

いな、と思います」と語りました。

また、「カミングアウトがこわい」という当事者に対しては、「理解者を探しましょう」とアドバイスしました。

「隠すよりも、周りの理解を少しでも求めることが必要だと思います。僕も最初は周りの人たちに言うのは心配でした。でも僕の場合は母や主治医の先生という信頼できる人がいたから、安心することができた。そういう支えになってくれる人がいれば大丈夫だと思います」（栗原さん）

発達障害の当事者、そして発達障害の子どもを育てる保護者は、理解者の必要性を強く感じています。

「息子に勉強や常識を教えてもなかなか習得できず、学校からの注意を受けては息子を叱る日々。ところが、息子が小学4年のときに発した、『母さん、ぼくは、やろうと思っても、できないんだって！』という一言で気づかされました。そこからは、彼を救う手立てを探し続けて、**やっと支援してくれる専門家の先生に出会いました。特性の自己認識と、特性と向き合った生き方を教え続けてくれました。今では適応障害まで起こした人間とは思えないほど、自分と向き合い、仕事に励んでいます。理解してくれる人、**

場所に巡り会うことが大切です」（鹿児島県）

「息子と私は、3歳で彼が保育園に入るときに、希望していた保育園に断られたことがきっかけで『発達障害』に出会いました。**幸い別の公立保育園に入ることができて、補助の先生をつけていただき、保育園の先生の助言から専門の病院で『広汎性発達障害』と診断されました。そして、市のおかげで『支援ファイル』というものをいただき、彼が望んだ普通クラスに通えています。**そしてそのファイルをもとに支援をいただき、学校の先生に彼の特性を伝え、訓練にも通えています。ただ、周りの方々すべてが理解者ではなく、つらい思いはたくさんしました。**もっとたくさんの方々にこんな人がいるということが『当たり前』だと思ってもらえるような世の中になって欲しいです**」（三重県）

「発達障害（ADHD）当事者です。私は軽度発達障害のため、自分から告白をしない限り、周囲に発達障害であることはほとんどバレません。ですが、ADHDの不注意の特性やマルチタスクでの混乱などはあるため、一つのことを周囲と同じようにやり遂げるには、通常の何十倍ものエネルギーが必要になります。その結果、非常に疲れやすく、ストレスも強く感じてしまいます。**『できるから』といって、軽度の発達障害を軽視さ**

れると、発達障害が原因で発症するほかの精神疾患（二次障害）に陥る危険性が高いので、典型的な発達障害への理解ももちろんそうですが、私のような軽度発達障害への理解もぜひ深めて欲しいです」（東京都20代）

発達障害を当事者が受け入れ、理解者を得て、自分を肯定する。そうすれば「生きづらさ」を軽減できるという声も多く寄せられました。

「息子は、2歳9ヶ月でADHD、6歳半で自閉スペクトラム症と診断されました。僕の息子が自分の障害と向き合い始めたのは、小学3年生のころでした。そして4年生のときに、『これが自分なんだ』と思えるようになってから、自分自身で個性であると言うようになりました。とにもかくにも、**周りの大人たち（学校や保護者、近所の方々も含め）は、その子の背景にある強い特性について知ろうとし、一歩進んで理解し、実践していって、その子自身が『これが僕』『これが私』と言えるようになることが必要なんじゃないでしょうか。**発達凸凹の凹よりも、凸のほうをしっかりと見る。認める。それが容易ではないことは重々承知していますが、大切なのは、一人ひとりを見極める目を、僕たち大人が持とうと意識することじゃないでしょうか」（島根県50代）

「ＡＤＨＤの娘を持つ父親です。娘は今、普通に女子高生をしています。子育てに最初は葛藤がありましたが、見方を変えると楽しい子育てになりました。**今は本人も自分の特性を理解し、コントロールする術《すべ》を身につけています。発達障害の理解が進み、多様性を受け入れるインクルーシブな社会の実現を希望していますし、そのために親として地域社会でできることに、ポジティブに関わっています。**親が前向きに受け入れることで、とても楽しい子育てになります。発達障害は特性です。得意なことで自己肯定力を伸ばすことが大切だと思います」（大分県40代）

このような意見を踏まえると、企業や学校などを含め、周囲が発達障害のある人を受け入れる際に重要となるのが、「理解」というキーワードであることがわかります。

そして、実はこれは、障害者差別解消法で求められている「合理的配慮」につながります。この法律は、障害のある人に合理的配慮などをおこなうことを通じ、皆が共生する社会を目指すものです。内閣府が発行しているリーフレット『「合理的配慮」を知っていますか？』には、合理的配慮とは「障害のある人から、社会の中にあるバリアを取り除くために何らかの対応を必要としているとの意思が伝えられたときに、負担が重すぎない範囲で対応すること」と明記されています。こうした配慮が、そもそも法律で定められているのです。

本書では学校や企業の事例を取り上げましたが、周囲が理解し対応することによって、発達障害のある人が学校で自分に合った方法や環境で学んだり、企業で働いて戦力になることができます。これは合理的配慮の実例でもあります。

では、発達障害を念頭に、周囲の理解や合理的配慮を実現するためには、どのようなプロセスがありうるのでしょうか。その一つの流れを、ここで整理してみましょう。

まずは発達障害のある当事者が、自分の特性を理解することがスタートラインになります。本書でも紹介した河高素子さんは、幼少期からその特性を感じていましたが、中学2年生で検査を受けるまで、感覚過敏などの特性が他人と違うものであるという自覚がありませんでした。発達障害は外見からはわかりにくく、個人のものである主観を他人と比較することも難しいため、当事者でも気づきにくい面があります。ですので、発達障害のある人自身が（未成年の場合は保護者も含めて）、まずは自らの特性を理解し把握することが、最初のステップになります。

その特性を踏まえたうえで、企業や学校などの環境において支援が必要だと思うかどうかが、次のステップです。先の障害者差別解消法でも、対応の必要性における当事者の意思表示が前提とされていました。つまり、合理的配慮は、それに対する「合意」が必要となっていますので、当事者はもちろん、学校などの場合は保護者も含めて、支援の必要性への合意が要件になります。

そして、発達障害の特性への理解と、支援の必要性への合意があれば、最後に合理的配慮としての支援の具体的な内容を、それぞれの状況に応じて決めていくことができるようになります。先に紹介した伊藤直さんの事例では、企業はその特性を理解して、業務の指示を明確にするなどの配慮をおこないました。河髙さんの学校でも、支援機器の使用を許可するなど、本人の求めに応じて対応をしています。合理的配慮として実際に何をすればよいのかを、企業や学校、当事者の周囲の人が認識すれば、発達障害のある人に具体的に対応することができるようになっていきます。

「見えにくい障害」と言われる発達障害の〝見えにくい〟部分に潜む本人の困りごとに周りの人が思いを馳《は》せ、解決策を共に探っていくことが、お互いの困難を解消することにつながっていくはずです。

コラム④

発達障害を「堂々と」生きる

NHKスペシャルの放送からおよそ9ヶ月後。再び取材に訪れた私に対して、河髙素子さんの母・康子《やすこ》さんは一つの問いを投げかけました。

「発達障害がありながら、堂々と生きている人の条件って何だと思いますか？」

学習障害がある素子さんは、授業中、黒板の字をノートに書き写すことが苦手です。家でパソコンを使えば思い通りの文章を書けるのに、作文の授業で紙に書こうとすると、時間内に思ったことの3分の1も書けないこともありました。小学校に入ってからずっと悩んでいた素子さんに対して、康子さんは学校側に支援を求めてはどうかと親子で話し合いました。しかし素子さんは「みんなと違うことをしたらいじめられる」と支援を受けることに消極的でした。5年生のころには「私は支援を受けなければならないほどダメなのか」と支援を勧める母親に反発するようになりました。

素子さんの心が動いたのは中学3年生のとき。きっかけは、障害のある学生を対象としたワークショップに参加したことでした。素子さんはそれまでずっと「支援がなくても努力したらみんなと同じようにできるようになる」と信じ続けてきましたが、授業についていけず「努力ももう限界」と思い始めていた時期でもありました。ワークショップでは、自分と同じ苦手がありながら、パソコンを使うことで生き生きと能力を発揮している仲間に出会います。その機会を通して素子さんは「パソコンが私の鉛筆と消しゴム」だと言えるようになりました。高校に入ってからは自ら申請し、板書を写す際にパソコンを使うようになりました。

母親の康子さんは「支援を受けることは『できないこと』を『障害』として受け入れることでもある」と言います。そのうえで、支援を受けることを「次の目標へつなげるための手段を得るもの」だとしてポジティブに捉えられることが「堂々と生きている人たち」に共通することではないか、と教えてくれました。

ワークショップを主催する東京大学准教授の近藤武夫《こんどうたけお》さんは、自分に必要な支援を求める力（セルフアドボカシー）を、障害のある学生たちに身につけることを勧めています。自らの苦手を把握して支援を求められる人は、それまでに「もう限界」と感じるほど努力をしてきた人であるかもしれない。そんな理解から支援を出発させることが、一人ひとりが異なる特性のまま、堂々と「発達障害を生きる」道につながるのかもしれません。

（ＮＨＫディレクター　生出知佳）

おわりに

2017年5月21日に放送されたNHKスペシャル「発達障害　解明される未知の世界」。この番組は、事前に収録したものを放送するのではなく、生放送で、視聴者から届いたメールやファクスを紹介しながらお伝えしました。その理由は、番組を見ている視聴者、特に発達障害の当事者の方々の、普段なかなか表に出せない心の声を、ある種の「熱」を持って届けたかったからです。

実際、番組には、放送前・放送中あわせて6700通を超えるメールやファクスが届きました。この本でも紹介してきたように、いずれも「聞いて欲しい」「わかって欲しい」という「熱」が込められた内容で、長文のものも数多く寄せられました。

放送後も、さらに少しでも多くの声を伝えたいと、普段はおこなっていないインターネットでのライブストリーミングを、番組終了直後から実施しました。番組に引き続き、同じスタジオから、綾屋さん、片岡さん、有働アナウンサー、そして放送中に皆さんから届いた声を読み込んでいた瀬《せ》田宙大《たちゆうだい》アナウンサーが、30分以上にわたり、番組に寄せられたメール・ファクスを紹介しながら、限られた放送時間内では語りつくせなかったことを話し合いました。

当事者の声を少しでも多く、そして「熱」を持って伝えたかったのには、理由があります。これまで、発達障害に関する番組は、「困った行動をする人に対してどう支援すればいいのか」という「周囲からの視点」で語られることが多かったと思いますが、今回の番組では、「当事者からの視点」で発達障害を理解することにこだわったからです。周囲から見たら「困った」人かもしれないけれど、実はその人は「困っている」のだという見方です。そのため、当事者の方々が普段思っていること、感じていることを、番組を通して、そのままストレートに伝えていくことがとても大切だと考えました。そして、当事者が世界をどう捉えているのか、どう感じているのかを、みんなで共有することが、この「見えにくい障害」とも言われる発達障害を理解する第一歩になることを狙いました。

皆さんはこの本を読んで、発達障害の人たちの世界の捉え方をどう感じたでしょうか。日常的に周囲の人との関係で苦労していることをどう思ったでしょうか。数々の当事者の皆さんの声、そして、それを裏付ける最新研究の成果を知れば、「街を歩いただけで、音が洪水のように押し寄せてくる」「〝普通〟であることを必死で追い求めている」と言う人がいても、それが決して大げさなことだとは思わないのではないでしょうか。

実際、この番組への反響は、予想をはるかに超えて大きいものがありました。NHKに寄せられた再放送希望は、放送後1週間で、12000以上。インターネット上でも、放送後しばらく、発達障害に関する議論が盛り上がりを見せていました。なかには「ADHDの子どもが感じている世界を視覚化した映像を見て、『これは僕だ』と息子がつぶやき、これまでわからなかった息子の世界を知るきっかけになった」という親もいたようです。

放送後、綾屋さん、片岡さんからもそれぞれ番組の感想をいただきました。綾屋さんからは、「これまで私たちが主張してきた『コミュニケーション・社会性の障害』以前の身体的特性に注目する、というコンセプトのもと、NHKで番組が制作されたということは、本当に大きな一歩だったと感じています。特にうれしかったのは、当事者の聞こえ方を再現したVTRです。『よくぞ再現してくださった！』と思わず拍手してしまいました」との感想を、片岡さんからは、「『感覚特性など見た目でわからない身体性が、多数派の人々と大きく異なる』ということが、個性では片付けられない障害となりうることを、初めて正面から取り上げた番組として、意義は大きかったと思います」との感想をいただきました。

発達障害を理解することは、「人間の見方」や「社会のあり方」を考える、よいきっかけになります。自分とは世界の捉え方が違う人がいて、その人と社会のなかで一緒に暮らしていく。その前提のもとで、みんなが幸せに生きるためにはどうすればよいのか、社会はどうあるべきなのかなどを考えていくと、変えていかなければいけないことが、まだまだたくさんあることに気づかされます。「特性は生まれつきかもしれないが、周囲の理解によっては、障害でなくなる」と言う人もいます。発達障害は、当事者や家族だけの問題ではなく、みんなの問題なのです。

そこで大切なのは、違うことで拒絶するのではなく、歩み寄ろうとすること。たとえ自分と感覚や考え方が違っても、そうかもしれない、実際そうだったらどんな気持ちで日々暮らしているのだろうかと、一度、相手の立場にたって、想像してみるということではないでしょうか。相手はどう感じているのだろうかということに常に思いを馳せることができる社会。これからの社会は、そんな「やさしい社会」であって欲しいと切に願っています。

最後に、番組で取材をさせていただいた当事者の方々に、特にお礼を申し上げます。他人にはなかなか言いにくい心のうちや感覚を、言葉として伝えていただき、本当にありがとうございました。深く感謝致します。

NHKチーフ・プロデューサー　齋藤真貴

主要参考文献

綾屋紗月、熊谷晋一郎
『発達障害当事者研究——ゆっくりていねいにつながりたい』(医学書院、2008)
綾屋紗月、熊谷晋一郎
『つながりの作法——同じでもなく 違うでもなく』(NHK出版生活人新書、2010)
柘植雅義(監修)、市川宏伸(編著)
『発達障害の「本当の理解」とは——医学、心理、教育、当事者、それぞれの視点』(金子書房、2014)
岩波明
『発達障害』(文春新書、2017)
大隅典子
『脳からみた自閉症——「障害」と「個性」のあいだ』(講談社ブルーバックス、2016)
栗原類
『発達障害の僕が 輝ける場所を みつけられた理由』(KADOKAWA、2016)
千住淳
『自閉症スペクトラムとは何か——ひとの「関わり」の謎に挑む』(ちくま新書、2014)

備瀬哲弘
『大人の発達障害――アスペルガー症候群、AD／HD、自閉症が楽になる本』（集英社文庫、2015）
本田秀夫
『自閉症スペクトラム――10人に1人が抱える「生きづらさ」の正体』（SB新書、2013）
山口真美
『発達障害の素顔――脳の発達と視覚形成からのアプローチ』（講談社ブルーバックス、2016）
ローナ・ウィング／久保紘章、佐々木正美、清水康夫訳
『自閉症スペクトル――親と専門家のためのガイドブック』（東京書籍、1998）
P・H・ウェンダー／福島章、延与和子訳
『成人期のADHD――病理と治療』（新曜社、2002）
ジュネヴィエーヴ・エドモンズ、ルーク・ベアドン／鈴木正子、室﨑育美訳
『アスペルガー流 人間関係――14人それぞれの経験と工夫』（東京書籍、2011）
サイモン・バロン＝コーエン／水野薫、鳥居深雪、岡田智訳
『自閉症スペクトラム入門――脳・心理から教育・治療までの最新知識』（中央法規出版、2011）
ウタ・フリス／冨田真紀、清水康夫、鈴木玲子訳
『新訂 自閉症の謎を解き明かす』（東京書籍、2009）

NHKスペシャル
「発達障害　解明される未知の世界」
（2017年5月21日放送）

司会　井ノ原快彦　有働由美子
出演　栗原類　綾屋紗月　片岡聡　本田秀夫
語り　瀬田宙大
声の出演　81プロデュース
取材協力　LITALICO　Yale University　柏野牧夫　岡田俊
宇野彰　岡沢秀彦　小坂浩隆　米田英嗣　井上雅彦
岩永竜一郎　熊谷晋一郎　大隅典子　千住淳

技術　熊谷年啓
撮影　北西英二
照明　具志堅明
音声　前川秀行
映像技術　小林永喜
美術　清絵里子
CG制作　橋本麻江
アニメーション　今林由佳
音響効果　最上淳
編集　瀬ノ尾義文
コーディネーター　早崎宏治
リサーチャー　黒川育子
取材　勝目卓
ディレクター　三善信一郎　生出知佳
プロデューサー　上松圭
制作統括　齋藤真貴　河瀬大作

NHKスペシャル取材班

国内外の発達障害研究・支援の最前線を取材し、NHKスペシャル「発達障害　解明される未知の世界」を制作（2017年5月21日放送）。本書の執筆を担当したのは、河瀬大作、齋藤真貴、上松圭、勝目卓、三善信一郎、生出知佳。

装丁　アルビレオ
カバー写真　Tsekhmister/Shutterstock.com

＊本書は番組をもとにした書き下ろしです。
（協力／崎谷実穂）

発《はつ》達《たつ》障《しよう》害《がい》を生《い》きる

2018年4月30日　第1刷発行
2018年5月30日　第2刷発行

著　者　NHKスペシャル取材班《しゅざいはん》
発行者　村田登志江
発行所　株式会社集英社
東京都千代田区一ツ橋2-5-10
〒101-8050
電話 03（3230）6100［編集部］
03（3230）6080［読者係］
03（3230）6393［販売部］書店専用

印刷所　大日本印刷株式会社
製本所　株式会社ブックアート

ISBN978-4-08-775437-7 C0036
定価はカバーに表示してあります。